Königs Erläuterungen und Materialien
Band 328

Erläuterungen zu

W0057930

Jerome D. Salinger

Der Fänger im Roggen
(The Catcher in the Rye)

von Reiner Poppe

C. Bange Verlag – Hollfeld

Herausgegeben von Klaus Bahners, Gerd Eversberg
und Reiner Poppe

Hinweis der Herausgeber:

Die Rechtschreibung wurde der amtlichen
Neuregelung angepasst.
Zitate wurden in der alten Schreibweise
übernommen!

7. überarbeitete Auflage 1997

ISBN 3-8044-0424-3
© 1990 by C. Bange Verlag, 96142 Hollfeld
Printed in Germany

INHALT

"Life is a game, boy..."
(Salinger, The Catcher in the Rye, S. 8)

Coming through the Rye.[1]

Tune – Coming through the Rye.

I.

COMING through the rye, poor body,
Coming through the rye,
She draiglet a' her petticoatie,
Coming through the rye.
Oh Jenny's a' wat, poor body,
Jenny's seldom dry;
She draiglet a' her petticoatie,
Coming through the rye.

II.

Gin a body meet a body –
Coming through the rye,
Gin a body kiss a body –
Need a body cry?

III.

Gin a body meet a body –
Coming through the glen,
Gin a body kiss a body –
Need the warld ken?
Oh Jenny's a' wat, poor body;
Jenny's seldom dry;
She draiglet a' her petticoatie,
Coming through the rye.

---

1 Dieses Gedicht des mit 37 Jahren früh verstorbenen schottischen Dichters **Robert Burns** wird von Salinger mehrfach zitiert. Es gehört zu Burns' Lieblingsgedichten an seine Frau Jean Armour. – Im Roman Salinger's wird damit das Selbstverständnis des Helden **Holden Caulfield** interpretiert, der sich als Hüter der im Kornfeld unbekümmert spielenden Kinder versteht und sie vor den Abgründen des Erwachsendaseins bewahren möchte.

1. EIN WELTERFOLG:
„DER FÄNGER IM ROGGEN"

Der Roman **The Catcher in the Rye** machte den amerikanischen Autor **J. D. Salinger** über Nacht weltberühmt. Der Held des Romans, Holden Caulfield, wurde in aller Welt zur Kultfigur der jungen Generation und sein Schöpfer zur geistigen Leitbild einer Jugend, die Ideale hatte und von der Erneuerung der Gesellschaft träumte. Holden Caulfield durchlitt die Schwierigkeiten von Tausenden junger Menschen gleich ihm, und er artikulierte seine Entrüstung gegenüber der Erwachsenenwelt ungeschminkt und furchtlos. Seine Sprache wurde überall verstanden. Salinger selbst wurde angebetet und in eine Reihe gestellt mit den großen Veränderungen der amerikanischen Literatur, Mark Twain und Ernest Hemingway, denen unvergängliche Gestalten zu verdanken sind, Huck Finn oder Nick Adams.[2]

Ein knappes Jahrzehnt nach seinem Erscheinen beherrschte der Roman Salinger's bereits die Hörsäle und Seminare der Hochschulen, bestimmte die Lektürepläne an deutschen Gymnasien, hielt die australischen Zensurbehörden in Atem, die ein Verbot erwirkten, wurde zum Leitbuch gar der jungen russischen Generation und war in Korea ebenso verbreitet wie in Israel.

***

Die Interpretationen zu diesem Roman gingen in die unterschiedlichsten Richtungen. Es fehlte nicht an religiösen Deutungen, an Nachweisen von literarischen Zusammenhängen teils seht entlegener

---

2 „Huckleberry Finn's Abenteuer" ist der bekannteste und wichtige Roman Mark Twain's (1885) der für Salinger's **Catcher** Pate gestanden hat. – Huck selbst ist der Erzähler, und auch er bedient sich einer ungeschminkten, kräftigen Ausdrucksweise. Twain überwand damit die **Literatursprache** seiner Zeit, die bis dahin die gültigen Maßstäbe gesetzt hatte. –
Ernst Hemingway's „Nick Adams" ist eine literarische Figur, die mit seinem Schöpfer viele Ähnlichkeiten hat. – Nick's Geschichten erschienen sehr verstreut. In chronologischer Reihenfolge zusammengefasst, lesen sich die **Nick Adams Stories** als ein Bericht, der die Entwicklung Nick's vom Kind bis zum Familienvater zeigt.

Positionen.[3] Die Zeitschriften füllten sich mit Aufsätzen zum Roman und zu seinem Autor; rasch entstanden in großer Zahl monographische Werke zu J.D.S., der sich aber – ganz in der Art seines Helden – in die innere und äußere Emigration begab. Salinger mied die Öffentlichkeit mit beeindruckender Konsequenz und überließ Holden Caulfield den Lesern, eifrigen Exegeten und der Kritik. Es gab einen regelrechten „Salinger-Boom" mit einer rücksichtslosen Vermarktung des Autors und seines Roman-Helden.[4]

Wie auch Holden Caulfield seine literarischen Vorläufer hat, so fand auch er seine Nachfahren. Seinen wohl ruhmreichsten Platz hat er in Ulrich Plenzdorfs Roman „Die neuen Leiden des jungen W." gefunden.[5] Dort ist er für Edgar Wibeau, den etwa gleichaltrigen Renegaten einer in Frage gestellten Gesellschaft und Lebensform, die einzige Figur, zu der man aufsehen kann, Salinger's Roman das einzige Buch, das sich zu lesen lohnt.

***

Die Jahre sind dahingegangen, und die Welt hat sich in „Sachen Salinger" längst wieder beruhigt. Der „Fänger" regt in unseren Tagen niemanden mehr auf. Dennoch gibt er genügend Anstöße zur Besinnung und Standortüberprüfung hinsichtlich des Selbstverständnisses des einzelnen in der ihm umgebenden Gesellschaft.

---

3   So wurden Zusammenhänge zwischen Salinger's Roman und den Schriften des „Mahayana Buddhismus" erkannt. – Das „Mahayana" bedeutet etwa „Großes Fahrzeug" und ist eine buddhistische Glaubensrichtung, die sehr pompös auf die Verehrung Buddhas und zukünftiger Buddhas ausgerichtet ist.

4   Der Reklame-Rummel um Salinger zeigte sonderbare, „typisch amerikanische" Erscheinungen, z. B. Auszeichnungen und Ehrungen, die der Autor nur mit Verwunderung zur Kenntnis nehmen konnte, so auch die der Valley Forge Military Academy (1952), die ihn als einen ihrer herausragenden Absolventen auszeichnete, vgl. Kap. 2.

5   Näheres findet der Leser im Kapitel 5.1 („Wertheriaden"), in dem wir auf die literarische Rezeption des Goethe-Werther eingehen und auf Parallelen hinweisen, die zwischen Plenzdorf und **Salinger** bestehen. Hochgerühmt wird derzeit ein weiterer amerikanischer Roman des jungen Autors Michael Chabon, **Die Geheimnisse von Pittsburgh,** ganz in der Nachfolge Salinger's.

Wir halten es deshalb für angemessen, uns diesem bedeutenden Roman der amerikanischen Nachkriegs-Literatur aus dem kritischen Abstand der Zeit noch einmal zu nähern und ihn im Rahmen unserer Reihe ERLÄUTERUNGEN UND MATERIALIEN für Schüler (und Studenten) „lesegerecht" aufzubereiten. Wir wenden uns in erster Linie an den Leser, der diesen Roman zum ersten Mal in den Händen hält und zur **amerikanischen Literatur,** namentlich zu **Salinger,** wenig oder nichts gelesen hat. Dem Kenner bieten wir nichts Überraschendes, es sei denn, er findet in unseren Materialien einzelne, von ihm selbst bis dahin nicht verfolgte Hinweise und Anregungen. In voller Absicht begrenzen wir den Umfang und die „Tiefe" unserer Erörterungen auf das unmittelbar Relevante. Wir trennen dabei nicht zwischen „Salinger im Englisch-Unterricht" und „Salinger im Deutschunterricht". Die aufbereiteten Texte und Materialien können sowohl hier wie dort verwendet werden, wobei es nahe liegt, dass mehr englisch-sprachige Sekundärliteratur als deutschsprachige herangezogen worden ist. Es ist nicht erforderlich, auf eine englischsprachige Roman-Ausgabe zurückzugreifen. Die Ausführungen sind auch demjenigen verständlich, der die bei Rowohlt erschienene deutsche Taschenbuchausgabe liest bzw. gelesen hat.

2. DER AUTOR: LEBEN UND WERK

1919 geb. am 1. Januar in New York City. Eltern: Sol und Miriam Jillich Salinger

1932 Schüler der Mc Burney School in Manhattan

1934 Schüler der Valley Forge Military Academy (Pennsylvania); leichtfertige Lebensweise, zunehmend diszipliniert; Ruf und Rolle des "big man" in der Schule

1935 Herausgeber des "Academic Yearbook"

1936 verlässt die Schule mit dem Entschluss, Schriftsteller zu werden. Er liest und schreibt regelmäßig und träumt vom großen Drehbuch

"Crossed Sabres", für welches Salinger auch Texte beisteuert, so ein Gedicht, das vertont worden ist und heute noch am Graduation Day der Schule gesungen wird.

1937 schreibt sich in die New York University und in das Ursinus College ein, ohne allerdings ernsthaft an das Studieren zu denken; schreibt und arbeitet vorübergehend im Importgeschäft des Vaters in Österreich und Polen

"The Skipped Diploma"

1938/ schreibt sich bei Whit Burnett an der
1939 Columbia Universität für einen "short story course" ein

"The Young Folks"

1940 veröffentlicht die vielbeachtete Erzählung

1941 erfolgreich mit weiteren Erzählungen und Kurzgeschichten bei den renommierten Magazinen "Esquire" und "Collier's"; <u>Holden Caulfield</u> taucht als literarische Figur erstmals auf ("Slight Rebellion Off Madison" – nicht sogleich veröffentlicht)

1942 weiterhin schreibend und publizierend, tritt er in den Militärdienst ein

1943 wird dem <u>Army Counter Intelligence Corps</u> zugeteilt; veröffentlicht u.a.

"The Varioni Brothers"

1944 kommt in ein britisches Ausbildungscamp und nimmt an der Invasion der Alliierten teil (6. Juni); setzt sich materiell für junge Autoren ein; schreibt selbst, wo immer es ihm möglich ist

1945 mit Kriegsende ist Salinger auf der Suche nach einem Zuhause und nach sich selbst; er wohnt zunächst bei seinen Eltern in New York; widmet sich dort den Mädchen und mit gleicher Leidenschaft der Philosophie des Zen-Buddhismus; wechselt mehrfach seinen Wohnsitz, um sich schließlich in Cornish, New Hampshire niederzulassen; dort wird er zu einer wahren „Kultfigur", ehe er sich nach dem Bruch mit Claire Douglas abrupt von der Umwelt abkapselt und sein Eremiten-Dasein be-

ginnt, das seinen Ruhm begleitet. – Die erste Holden-Caulfield-Erzählung veröffentlicht	"I'm Crazy"
1946 In Nürnberg; Briefe an Hemingway, den er während des Krieges in Frankreich getroffen hatte; endlich, doch erst nach erneutem Ansetzen,	"Slight Rebellion Off Madison"
1948 Verträge mit "The New Yorker", dort erscheint	"A Perfect Day for Bananafish"
1949 mehrfach in Westport, Connecticut; veröffentlicht	"The Laughing Man" und "Down at the Dinghy"
1950 Drehbucharbeiten; berühmte Erzählung	"For Esmé – with Love and Squalor"
1951 **Das erfolgreichste Buch Salinger's erscheint:** Salinger hält sich in Europa auf, um der Schau um ihn und sein Buch zu entgehen	**"The Catcher in the Rye"**
1952 Reisen nach Mexiko; Valley Forge Military Academy ehrt ihn ("one of the Three **Distinguished Alumni of the Year"**)	
1953 erwirbt reichen Landsitz in Cornish, New Hampshire, zieht sich gänzlich zurück, veröffentlicht	"Nine Stories"[6]

---

6 Aus der Zahl von gut zwei Dutzend Erzählungen, die SALINGER zwischen 1940 und
   1953 schrieb, wählte er neun aus, die unter dem Sammeltitel „Nine Stories" in einem
   Band herausgebracht wurden. – Der Band enthält bekannte und hochgeschätzte
   Erzählungen wie:
   A PERFECT DAY FOR BANANA FISH / UNCLE WIGGILY IN CONNECTICUT / JUST
   BEFORE THE WAR WITH THE ESKIMOS / THE LAUGHING MAN / DOWN AT THE
   DINGHY / FOR ESME WITH LOVE AND SQUALOR / PRETTY MOUTH AND GREEN
   MY EYES / DE-DAUMIER-SMITH'S BLUE PERIOD / TEDDY

1955	heiratet Claire Douglas, die ihn knapp zehn Jahre zuvor verlassen hatte, um einen anderen zu heiraten;
1957	veröffentlicht zwei seiner bekanntesten Erzählungen, denen eine weitere folgt
1961	die einzeln veröffentlichten Erzählungen nun als Bücher
1963	
1965	die jüngste (und letzte) Kurzgeschichte
1967	Scheidung
1986/ 1987	Den Daten der Biographie **I. Hamiltons** zufolge hat SALINGER während der Zeit seiner Zurückgezogenheit an verschiedenen Werken gearbeitet. Das Schweigen um ihn wurde durch Gerichtsverhandlungen in diesen beiden Jahren zwar aufgehoben, keines der „Rätsel" um seine Person jedoch gelöst. Salinger überlässt es weiterhin der Nachwelt, an seiner Legende zu bauen.
1997	Nach langen Jahren des Schweigens will J.D.S. nun doch wieder mit einem Buch an die Öffentlichkeit treten; mit der Wiederveröffentlichung seiner Erzählung aus dem Jahr 1965

Gegenüberstellung (rechte Spalte):

1955/1957: "Raise High the Roof Beam, Carpenters" – "Franny" – "Zooey"

1961: "Franny" – "Zooey"

1963: "Raise High the Roof Beam, Carpenters" – "Seymour"

1965: "Hapworth 16, 1924"

"Hapworth 16, 1924", die nach Auffassung des „New York Observer" so etwas wie eine Schlüsselrolle zum Verständnis des Menschen und Schriftstellers J.D.S. spielt. Darüber hinaus lässt Salinger nichts zu. Den einmal angetretenen Rückzug aus der Öffentlichkeit scheint der inzwischen 78-Jährige konsequent durchzuhalten.

Wie so viele amerikanische Schriftsteller war auch Salinger zunächst mit "short stories" an die Öffentlichkeit gelangt.[7] Er begann in einer Zeit zu schreiben, als diese (typisch amerikanische) literarische Gattung ihren Entwicklungshöhepunkt erlangt hatte. **Wirklichkeitsorientierung** und (für den Leser) **Wirklichkeitserfahrung** gelten als die normbestimmenden Merkmale der Kurzgeschichte, deren traditionellen Mustern zunächst ja auch von unseren Autoren nach 1945 nachgeeifert wurde. Salinger knüpfte an die Tradition der amerikanischen Kurzgeschichte erfolgreich an, er bereicherte sie jedoch auch um eine ganz eigene Komponente, mit der er den Leser in ein neues „Spannungsverhältnis zur Kurzgeschichte" bringen konnte. Salinger überwand das Muster der Reproduktion von Wirklichkeit dadurch, dass er diese – als erster nach sehr langer Zeit, übrigens – aus dem **Blickwinkel des Kindes** sah und schilderte. Dieser Perspektive gewann er dann in seinem Roman **The Catcher in the Rye** so viele bemerkenswerte Möglichkeiten ab, dass er zum Modellbeispiel für den neuen

---

7   Hans Bender schrieb 1962 einen bekannten Essay mit dem Titel „Ortsbestimmung der Kurzgeschichte" (Akzente IX, S. 205-225) und stellte darin die unglaubliche Vielfalt ihrer Erscheinungsformen und Möglichkeiten dar. Diese Gattung gilt zurecht als das „Chamäleon" aller literarischen Gattungen. Besonders im Hinblick auf ihren Umfang zeigt sich die amerikanische "Shortstory" höchst unterschiedlich, und unter diesem Kriterium galt sie als schwer definierbar. – In: P. Goetsch, S. 147

Typus der amerikanischen Erzählkunst einzustehen begann, obwohl er in manchen seiner "short stories" formal weit anspruchsvoller und komplexer schrieb. [8]

---

8   vgl. A. Geraths in: K.H. Göller/G. Hoffmann, S. 326. – Der Autor beleuchtet Salinger's bekannte Kurzgeschichte **The Laughing man** und stellt die (neuartigen) künstlerischen Möglichkeiten heraus, die Salinger der Erzählerperspektive „mit den Augen des Kindes" abgewinnt.

3. DAS GESCHEHEN – KURZÜBERSICHTEN

Kurzgefasste Eindrücke der Handlung, dreifach variiert – damit möchten wir den Leser an die Analyse und Reflexion von Salinger's **The Catcher in the Rye** heranführen.

In **Text 1** zitieren wir aus einem für das Studium und zur schnellen Information unentbehrlichen „Ratgeber" der englischen und amerikanischen Literatur.

Aus einer englischsprachigen Analyse und Interpretation übernehmen wir als **Text 2** das Kapitel "Plot Summary". [9]

In einer eigenen Zusammenfassung führen wir dann den Leser in **Text 3** am Inhalt und Hauptgeschehen des Romans entlang. Wir folgen dabei den 26 Kapiteln in der Art einer <u>nicht - kommentierten Inhaltsangabe.</u>

Mit diesen drei Texten wird der Leser einen breitangelegten Zugang zum Roman gewinnen können, dessen Kenntnis jedoch vorausgesetzt werden muss.

Die Zitate sind folgenden Autoren zuzuordnen (vgl. Literaturübersicht, Kap. 6):

Karrer/Kreutzer	(1)
Campbell	(2)
Poppe	(3)

---

*

Gegenwart. Retrospektive des 16jährigen Holden Caulfield, der sich nach einer Entwicklungskrise körperlich und seelisch angeschlagen im Sanatorium befindet. H. verlässt das Internat und vagabundiert ein

---

9   Als "Plot" versteht die Literaturwissenschaft die eigentliche <u>Fabel</u> eines Romans, den spannungstragenden Konflikt eines Dramas.

paar Tage durch seine Heimatstadt New York. Stationen: Hotel, Bar, Theater, Museum, Central Park; Begegnungen: Prostituierte, Taxifahrer, Ex-Freundin, ehemaliger Lehrer (Episodenstruktur). Die Welt der Erwachsenen erscheint falsch ("phoney"), trostlos und unmenschlich. Er scheitert in den Versuchen, mit anderen zu „sprechen" und beschließt – desillusioniert und vereinsamt – nach Westen zu fliehen. Doch die Anhänglichkeit seiner kleinen Schwester Phoebe hält ihn zurück. Er wird sich seiner Verantwortung bewusst und beginnt die Welt mit größerer Nachsicht zu sehen (darüber hinaus offenerSchluss).

*

Holden Caulfield is a prep school student who has had trouble with every school he has attended: first the Whooton School, then Elkton Hills, and now Pencey. As the novel begins, Holden is in a psychiatric hospital in California and prepares to tell his story to a psychoanalyst at that institution. But the analyst is also the reader, and Holden addresses each person who reads the novel in a very intimate manner.

His story takes place in a short period of time – several days. He begins with his expulsion from the Pencey School where he has flunked four out of five subjects. He does not like the teachers, nor does he enjoy the students: they are snobby of wealthy families, and have an air of phoniness about them. Phoney people are Holden's enemies, he will do anything to avoid them.

Holden is the manager of the Pencey fencing team. The team goes into New York City for a match, but Holden loses their foils in the subway so they are unable to compete. This means that they must return to Pennsylvania unfulfilled, and they are angry with Holden. When they arrive back on campus, there is a football game in progress. Instead of attending it with the rest of the school, Holden pays a last visit to a teacher whom he respects. Mr. Spencer lectures him on his conduct, but bids him a fond farewell.

That evening, the boy in the next room to Holden's in the dormitory comes over to visit him. His name is Ackley and he is a terrific bore. They talk about Pencey, and Holden believes that it is a school of phonies.

Later, Holden's roommate Stradlater comes in. He is a sexy, virile athlete who asks Holden to write a composition for one of his courses. He has a date with Jane Gallagher that evening and does not have time to write it himself. Holden is very depressed about his roommate's date. Jane Gallagher was one of Holden's friends and he does not want her to be taken advantage of by Stradlater. Throughout the novel, Jane will represent Holden's ideal of purity and unspoiled female companionship, but he is unable to see her or have contact with her.

Holden writes Stradler's composition on a subject very dear to him: his brother Allie's baseball mitt. Holden describes his younger brother; who died of leukemia, with great love.

Allie was the kind of kid who wrote verses of poetry on his baseball mitt so that he could entertain himself in the field when no one was at bat. Holden is moved by this and describes it in the essay. When Stradlater returns from his date, he is angered by Holden's choice of topics and Holden is worried about Stradlater's treatment of Jane. The two fight and Holden is pushed to the floor with a bloody nose.

Holden decides to leave Pencey school closes for Christmas. He takes the train to his home in New York but cannot go directly to his parents' apartment: they are not expecting him home until Wednesday and, since they know nothing of his expulsion form Pencey, he prefers that they find it out in his absence. So he goes to a cheap hotel, the Edmont, and enters a dreary marathon of sordid events which ultimately bring his depression to a head. From this point until the end of the novel, Holden relates what happens to him before he is admitted to the mental hospital.

At the Edmont, he is offered a prostitute by the shady elevator man. The woman comes to Holden's room but he is too nervous and depressed to have sex, so he eventually leaves. Later, the man returns with the prostitute and beats Holden up in order to get more money from him.

The next day, Holden calls up Sally Hayes, a sometime friend, and makes a theater date for that afternoon. In the meantime, he walks down Broadway looking for a special record for his sister Phoebe, whom he adores. He overhears a little boy walking by the curb and singing a verse from a Robert Burns poem: "If a body catch a body coming though the rhy." This makes Holden happy and he decides, later on, that his role in life is to help innocent children resist the vulgarity of adult civilisation. He seems himself as someone who will catch them before they fall over the cliff of evil, and this explains the novel's title; he will be the catcher in a field of rye.

Holden and Sally attend the theater. He dislikes the phoniness of actors and of the know-it-all spectators. Afterwards Holden and Sally go skating and Holden suggests they go away together for a couple of weeks. Sally thinks it is an impractical idea, they fight and Holden leaves.

He calls up Carl Luce, an arrogant school friend, and the two meet for a drink. It proves to be another unsatisfactory encounter for Holden. Luce talks condescendingly to Holden and quickly abandons him in the bar. Holden gets very drunk, walks to Central park, drops the record he bought for Phoebe and is saddened when it smashes into pieces. He is alone and frightened in the Park, and feels a need to see his sister.

He decides to go and see Phoebe, taking the chance that his parents might see him. They do not. But after an emotionally charged session with Phoebe, where they express their love for one another, he leaves to spend the evening in the apartment of Mr. Antolini, a former English teacher. While there, he is awakened from his sleep by Antolini's hand on his head. Alarmed by what he perceives to be a homosexual advance, Holden leaves nervously in the middle of the night.

He goes to Grand Central Station, sleeps badly for a couple of hours, then gets the idea to hitch-hike out West and find a job. He wants to see Phoebe one last time and arranges to meet her at the Metropolitian Museum of Art. She arrives with her suitcase, wanting desperately to accompany her brother, but he refuses and they have an argument.

Finally, they reconcile and Holden agrees to go home to their parents' apartment with her – but not before he gets drenched in a rainstorm and becomes ill.

The novel ends with a brief concluding chapter in which Holden mentions his plans to go back to school in September. He is not sure whether he will be successful there or not, but knows that it is never possible to predict the future.

*

Inhaltsskizze [10]

1 **Holden Caulfield** ist 17 Jahre alt und hält sich in einem Sanatorium auf, um sich von einem Zusammenbruch zu erholen als Folge seiner mehrfach verpatzten Schullaufbahn, deren vorläufig letzte Station das Internat Pencey/Agerstown (Pennsylvania) war. – Unzureichende Leistungen, Widersetzlichkeit und Anpassungsschwierigkeiten führten zu diesem erneuten, dem vierten Scheitern. (1-6)

2 Holden durchleidet ein demütigendes Gespräch bei seinem Geschichtslehrer Mr. Spencer, der ihn wegen unzulänglicher Leistungen hat durchfallen lassen müssen. Holden ist sehr deprimiert. (6-16)

3 Als er in sein Internatszimmer zurückkommt, unterhält er sich mit seinem Zimmernachbarn Ackley, ehe Stradlater zurückkommt, mit dem Caulfield sich das Zimmer teilt. Stradlater hat eine Verabredung mit einem Mädchen. (16-26)

4 Während sich Stradlater wäscht und rasiert, bittet er Caulfield, ihm einen (englischen) Aufsatz zu schreiben. Sie reden über Mädchen, auch über eine gewisse Jane Gallagher, mit der sich Stradlater treffen will, und auf die Holden selbst ein Auge geworfen hat. (26-35)

---

10 Seitenzahlen nach der Taschenbuchausgabe **Bantam,** New York 1979 Vgl. parallel die deutsche Übersetzung und Überarbeitung durch Heinrich Böll in der **rororo Taschenbuchausgabe Nr. 851** vom März 1989 (931.-955 Tausend)

5 Da Holden nichts Besseres einfällt, schreibt er über den Baseball-Handschuh seines verstorbenen Bruders Allie. (35-39)

6 Natürlich ist Stradlater über das primitive Thema, das Caulfield bearbeitet hat, sehr verärgert, und nach einigem Hin und Her kommt es zu einer handgreiflichen Auseinandersetzung, bei der Holden den Kürzeren zieht. (40-46)

7 Enttäuscht und grenzenlos entmutigt über die Summe seiner Misserfolge verlässt Caulfield mitten in der Nacht das Internat. (46-52)

8 Unterwegs lernt er im Zug die Mutter eines Pencey-Schülers kennen, die ihn nach ihrem Sohn fragt. Obwohl er eigentlich nichts Gutes zu sagen hätte, lügt Caulfield ihr etwas vor, zumal sie ihm gefällt und er einen guten Eindruck auf sie machen möchte. (53-58)

9 Holden Caulfield erreicht New York, das Ziel seiner Flucht. Er versucht, telefonische Verbindungen mit Freunden und Bekannten herzustellen. Er hat keinen Erfolg und verkriecht sich in einem Hotelzimmer. (59-66)

10 Aus Angst, die Eltern könnten am Apparat sein, verzichtet Holden auch darauf, seine Schwester Phoebe anzurufen, die er als einzige wirklich liebt und akzeptiert. Er lümmelt sich in einer Hotel-Bar herum und unterhält sich mit drei aufgedonnerten Blondinen, die ihn aber nicht recht ernst nehmen. (67-76)

11 Holden möchte sich mit Jane Gallagher in Verbindung setzten, weiß aber nicht, wie. Zunächst bleibt er in seinem Hotel-Zimmer, verlässt es aber bald, um in irgendein Nachtlokal zu gehen. (76-80)

12 Er lässt sich nach Greenwich Village fahren, um sich im Nachtlokal "Ernie" die Zeit zu vertreiben, kehrt aber ziemlich schnell angewidert ins Hotel zurück. (81-87)

13 Dort „überrascht" ihn der Liftboy mit einer Prostituierten, die er ihm ins Zimmer schickt. Obwohl es zu keinerlei Intimitäten zwischen ihr und Holden kommt, bezahlt er die vereinbarten fünf Dollar. (88-98)

14 Doch die Geschichte hat noch ein übles Nachspiel: der Hotelangestellte und die Prostituierte verlangen von Caulfield weitere fünf Dollar, die er ihnen jedoch verweigert. Daraufhin wird er zusammengeschlagen, und die beiden verschwinden mit der Fünf-Dollar-Note, die das Mädchen aus seiner Brieftasche nimmt. (98-104)

15 Caulfield verlässt am nächsten Morgen das Hotel. Er will sich mit einer gewissen Sally Hayes treffen. In einem Frühstücks-Restaurant macht er die Bekanntschaft von zwei Nonnen, denen er für wohltätige Zwecke zehn Dollar überreicht. (105-113)

16 Für seine Schwester Phoebe kauft er dann eine Schallplatte und stromert noch eine Weile unentschlossen in der Stadt herum. Schließlich geht er zum Biltmore, um dort Sally Hayes zu treffen. (113-122)

17 Beide sehen sich ein Boulevardstück an und gehen anschließend auf den Eisplatz von Radio City, um dort Schlittschuh zu laufen. Holden vertraut dem Mädchen seine Probleme an, muss aber erkennen, dass sie sich eigentlich gar nicht dafür interessiert und kein Verständnis für sein Verhalten aufbringt. Als er ihr einige Unfreundlichkeiten sagt, zieht Sally Hayes sich beleidigt zurück. (123-134)

18 Für den Abend verabredet sich Holden Caulfield mit seinem Freund Carl Luce. Weil er noch Zeit hat, geht er in ein Kino. Er ist enttäuscht von dem Film und über die Oberflächlichkeit der Unterhaltungsindustrie, auf die so viele Menschen unkritisch hereinfallen. Nach dem Kinobesuch trifft er Luce in der Wicker Bar. (135-141)

19 Holden ist gerade in der richtigen Stimmung, um Luce, den Perversitäten anregen, daraufhin zu attackieren. Der wird wütend und geht, nicht ohne seinem (ehemaligen) Freund geraten zu haben, doch einmal zum Psychiater zu gehen. (141-149)

20 Wieder allein und mit dem Gefühl, gründlich missverstanden zu sein, betrinkt sich Holden Caulfield in der Bar. Mitten in der Nacht ruft er Sally Hayes an, die ihn jedoch abblitzen lässt. Anschließend hängt er im Central Park herum, zitternd vor Kälte, und landet schließlich auf einem Friedhof. – Der Gedanke an seine kleine Schwester Phoebe bringt ihn schließlich halbwegs zur Vernunft, und er macht sich auf den Weg zu seinem Elternhaus. (149-157)

21 Holden schleicht sich in das Haus zu seiner schlafenden Schwester. Er weckt sie behutsam auf und ist sehr glücklich, sich mit ihr unterhalten zu können. – Die Eltern erwarten ihn erst Mittwoch zu den Weihnachtsferien zurück, aber Phoebe ahnt, weshalb Holden bereits früher und dazu mitten in der Nacht aufkreuzt. (157-166)

22 Holden erzählt Phoebe, was vorgefallen ist und sie hört aufmerksam zu, ohne selbst viel zu sagen; nur hin und wieder stellt sie eine Zwischenfrage. (166-174)

23 Holden setzt sich mit seinem früheren Englischlehrer, Mr. Antolini in Verbindung, um die Zeit bis zum Mittwoch zu überbrücken. (174-180)

24 Er berichtet Antolini über Pencey und über seine Fehlschläge. – Antolini versucht, Holden die Vorzüge akademischer Bildung aufzuzeigen, die auch ihm, Caulfield, zukünftig Vorteile bringen könnten. – Holden darf die Nacht bei den Antolinis verbringen. Während der Nacht wehrt er einen (vermeintlichen oder wirklichen sexuellen) Annäherungsversuch Antolinis ab und verlässt verstört dessen Wohnung. (180-193)

25 Holden will das Geld, das Phoebe ihm zugesteckt hatte, sparen und verbringt deshalb den Rest der Nacht im Wartesaal einer U-Bahn-Station. – Am Morgen wandert er ziellos durch die Straßen, entschlossen, ganz von Zuhause fort – irgendwohin in den Westen zu gehen. – Auf einem Zettel, den er Phoebe zuspielt, teilt er mit, dass er sie vorher noch einmal sehen möchte. Er schlägt ihr vor, ins Metropolitan Kunstmuseum zu kommen. – Sie erscheint dort tatsächlich, bringt aber einen großen Koffer mit und eröffnet ihrem Bruder, dass sie ihn begleiten möchte. – Daraufhin entschließt sich Holden, seinen Plan aufzugeben. Er will seine kleine Schwester nicht noch weiter in seine eigenen Schwierigkeiten hineinziehen. (194-213)

26 **Holden Caulfield** geht also nach Hause zurück und wird zur seelischen Gesundung in ein Sanatorium gebracht. Dort verfaßt er seinen Erinnerungsbericht. (213-214)

4. DER ROMAN – TEXTE UND MATERIALIEN ZUR ANALYSE UND INTERPRETATION

Keine der drei Inhaltsübersichten, die im Kapitel 3 vorgetragen wurden, gibt eigentlich zu erkennen, worin die sensationelle Wirkung des Romans begründet lag, als er 1951 erschienen war. Das Geschehen als solches, auf einige knappe Nenner gebracht, lässt dies aus heutiger Sicht zumindest nicht auf Anhieb vermuten. Man muss sich schon recht genau die Zeitumstände vergegenwärtigen, auf die Salinger's Roman traf, um sein unmittelbares Echo verstehen zu können. Sicherlich kann der (jugendliche) Leser unserer Tage noch viele situative Gemeinsamkeiten entdecken, aber auch er wird den Roman nicht in der Weise als zündendes Fanal erleben wie die Generation der seinerzeit Gleichaltrigen. Dennoch offenbart der Roman auch für uns interessante Einblicke in Zeit- und Gesellschaftsprobleme, die immer gültig sind, nicht zuletzt wegen der Seelenlage seines „Helden", Holden Caulfield.

„Situationsanalyse" der amerikanischen Gesellschaft und zugleich „Kritik" an ihr – darin werden die Thematik und Bedeutung von **The Catcher in the Rye** stets global zusammengefasst, und wir schließen uns dieser Orientierung an. [11]

Mit dem Blick auch auf Gegenwärtiges wollen wir in diesen ERLÄUTERUNGEN UND MATERIALIEN versuchen, die zentralen Problemkonstellationen des Romanhelden zu beleuchten. Dabei geraten notwendigerweise auch die Bauform und Sprache des Romans in den Blick. Eine erneute Darstellung von Inhaltsaspekten ist dabei ebenso unumgänglich wie die umrisshafte Charakterisierung des Romanhelden und seiner Umgebung. Dies soll jedoch sehr gerafft geschehen, und wir möchten dem Leser ins Bewusstsein rufen, dass wir ihm zwar Grundinformationen geben wollen, er seine „Schularbeiten" im übrigen aber allein und weitgehend eigenständig leisten muss.

---

11 vgl. G. Baruch und weitere im Literaturverzeichnis aufgeführte Autoren, auf die wir uns im Verlaufe der Teilkapitel 4.1 – 4.3 beziehen werden.

4.1 Zur Struktur des Inhalts

Freese u.a. haben nachgewiesen, dass Salinger's Roman trotz seiner Episodenreihung streng symmetrisch aufgebaut ist.[12] Darüber liest man nur allzu schnell hinweg. Aus unserer Sicht liegt in der formalen Strenge, die sich nicht aufdrängt, das eigentlich Reizvolle und Besondere des Romans.

Dennoch müssen wir den Einschränkungen zustimmen, die zu diesem Punkt an anderer Stelle gemacht worden sind.[13] Es gibt aber kaum einen besseren Beweis dafür, dass Salinger seinen Helden keineswegs „hemmungslos" fabulieren lässt, d.h. sich selbst als Autor nicht aus der Verantwortung nimmt für das, was „geschieht". Gegen die „Distanzlosigkeit" des Holden Caulfield setzt er eine kontrapunktische Symmetrie, die ihn als sehr sensiblen und bewusst gestaltenden Künstler ausweist.[14]

Das Geschehen der 26 Kapitel dieses Romans verteilt sich über **3 Tage** (Samstag, Sonntag, Montag). Dieser zeitlichen Gliederung entspricht die inhaltliche, die sich (nach Freese) mit „Auszug", „In der Fremde" und „Heimkehr" überschreiben ließe.

Der 1. Tag umfasst 6 Kapitel; der 2. Tag erstreckt sich über 11 Kapitel; der 3. Tag hat wiederum weniger, nämlich nur 5 Kapitel. Die einzelnen Kapitel sind unterschiedlich ausgeweitet – sehr kurz die Kapitel 5, 11, 18 und 26; breiter angelegt hingegen u.a. die Kapitel 12, 1, 24 und 25.

Das 1. und 26. Kapitel bilden einen Rahmen. Das 7. und 20. Kapitel markieren Übergänge.

---

12 vgl. P. Freese in: e. Lohner, S. 322

13 Dazu schreibt A. Geraths im Vergleich mit The Laughing man: „... Mit dem Bewusstsein des Erwachsenen versucht er die Vorgänge zu vergegenwärtigen, deren Zeuge er als Kind auf einer niederen Bewusstseinsstufe war. Dadurch wird die Erzählsituation viel komplexer, als sie es etwa in The Catcher in the Rye ist. – A.G. in : K.H. Göller/G. Hoffmann, S. 328

14 Salinger hat länger als 10 Jahre an diesem Roman gearbeitet und ihn über mehrere Vorstufen erst allmählich zu der Form entwickelt, die dann 1951 erschien. – Vgl. Kap. 2, Werkdaten

In einer Strukturskizze wird diese strenge Architektur des Romanaufbaus noch einmal sehr sinn- und augenfällig nachzuvollziehen sein:

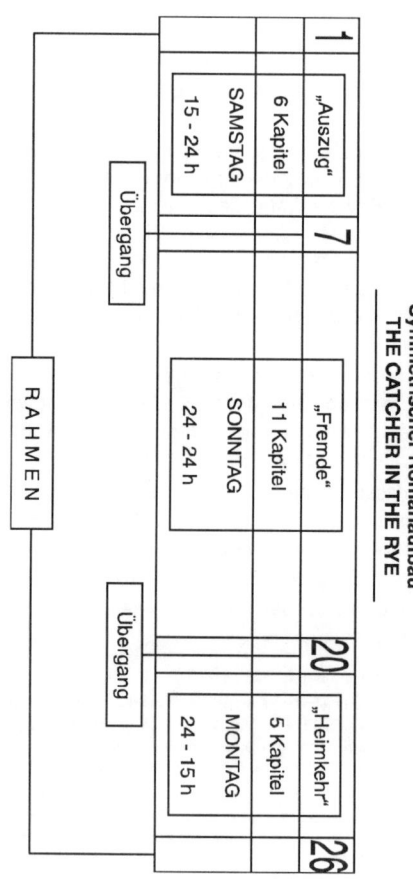

Der Hauptort des Geschehens in den Aufzeichnungen Holden Caulfield's ist die Stadt New York. Das ist für diesen Roman in doppelter Hinsicht bemerkenswert: In gigantischen Ausmaßen, in jeder Form und Ausprägung hat sie alles, was Holden C. verabscheut; sie ist das perfekte Monstergebilde. Der Moloch New York City ist für ihn aber auch eine Fluchtburg. Hier wurde er geboren, kennt sich aus, ringt er sich nach enttäuschten Hoffnungen und Erwartungen zu einer (positiven) Entscheidung durch. Trotz seiner ungewissen Situation, vergleichbar jener der Enten im Winter auf dem zugefrorenen See des Central Park (**Catcher, Kap. 2**), diese Vision beschwört Holden C. wieder und wieder in seinen Gedanken und Überlegungen herauf, fühlt er sich in New York „heimisch", ganz entschieden auch durch die Anwesenheit seiner Schwester Phoebe.

Die Szenen und Episoden der Haupthandlung im großen New York wechseln rasch. Es sind im wesentlichen aber immer ähnliche Orte die H.C. aufsucht – ein drittklassiges Hotel, Nachtclubs, Bars, Kinos, die Eisbahn, das Metropolitan Art Museum, den Central Park, U-Bahn-Stationen – anonyme und wenig persönliche Stätten, die seine ziellose Flucht begleiten. Ganz im Gegenteil dazu, gewissermaßen die Balance haltend, steht am anderen Ende Phoebe's „heile Welt", die ihm Schutz und Geborgenheit gibt.

Aus der planlosen Suche und Fluchtbewegung, bei denen Holden Caulfield mit Taxifahrern, Fahrstuhlführern, Nachtclubbesuchern, Prostituierten, Barpianisten, Kellnern und vielen anderen Menschen zusammentrifft, kristallisiert sich das Bild des Strauchelns und Fallens in wiederkehrender Deutlichkeit heraus.[15] Darin werden „Zustände" und „Standorte" sichtbar, in denen sich Holden Caulfield jeweils befindet. Für die Inhaltsstruktur des Romans sind sie insoweit typisch und konstruktiv, als sie der zeitlichen Vorwärtsbewegung (Samstag – Montag), der **horizontalen Dynamik** also, auch eine **vertikale Richtung** geben. Hierdurch erhält der Roman sein „Stützkreuz", das erst in der Analyse der Inhalts- und Aufbaumomente sichtbar wird. Er besitzt damit eine sehr eigene organische Struktur, deren Oberflächenmerk-

---

15 vgl. P. Freese, S. 331

male nach innen weisend vernetzt sind mit einem System von logischen, „ordnungsstiftenden Zeichen"[16], die hier lediglich angedeutet, in den beiden folgenden Teilkapiteln am konkreten Detail erläutert werden.

4.2 Holden Caulfield

Wie erwähnt, resultiert Caulfield's Scheitern in den Schulen und an seiner Umgebung subjektiv aus seiner eigenen, sehr empfindsamen Veranlagung und objektiv aus den vielfältigen Unzulänglichkeiten, die er in der Gesellschaft erkennt. Es wurde betont, dass Salinger's Roman die (unzulängliche) gesellschaftliche Situation transparent mache und immanente Kritik an ihr transportiert (vgl. Kap. 1). Um diese These zu bestätigen, bedarf es entsprechender Belege aus dem Roman selbst. Da Holden Caulfield aus seiner Perspektive erzählt, folgen wir zunächst auch seiner Sicht der Dinge, d.h. seinen uns mitgeteilten Erfahrungen und Reflexionen.

Mit seinen 16 Jahren ist Holden Caulfield zweifellos unausgeglichen und unfertig in der Einschätzung der Gesellschaft und der darin zusammenwirkenden Kräfte. Dennoch ist er wach und kritisch genug, das ihm Begegnende zu klassifizieren und zu bewerten. Er tut dies ziemlich ungehemmt, aber keineswegs undifferenziert. Seine Maßstäbe sind die einer kindlichen Aufrichtigkeit und Klarheit, beispielhaft gelebt von seiner Schwester Phoebe. An ihr misst er die anderen, schließlich auch sich selbst.[17] Besonders in der Welt der Erwachsenen stößt er überall auf Falschheit und Selbstsucht, auf rücksichtsloses Besitzstreben, auf Oberflächlichkeit in Gefühlen und Empfindungen, auf Verlogenheit und phrasenhafte Überheblichkeit.

---

16 vgl. P. Freese, S. 327

17 "In his greatest need, however, he gains proof of the pure devotion of his little sister, and the awareness that kind of love exists, even in a soiled world, brings him ecstatic joy and a belief in the worth of life." J. Campbell, S. 73. Der hier geäußerte Optimismus wird in der kritischen Literatur insgesamt geteilt. E besteht kein Anlass, über die Anzeichen hinwegzulesen, die in der gesamten Entwicklung des Ich-Erzählers zu erkennen geben, dass er den Anschluss an die Gesellschaft wieder finden wird. Es bleibt allerdings offen, in welcher Weise.

Holden Caulfield entstammt einer gutsituierten New Yorker Familie. Er hat eigentlich nichts gegen seine Eltern, über die er sogar Gutes spricht; ihn stören jedoch ihre übertriebene Sorge und Empfindlichkeit (**Catcher, Kap. 1**).

Zu seinem älteren Bruder D.B., einem in Hollywood lebenden, arrivierten Autor, hat er ein gespaltenes Verhältnis. Ein jüngerer Bruder, Allie ist früh an Leukämie verstorben. Erinnerungen drängen sich Holden immer wieder auf. Schließlich ist dort Phoebe, sein guter Stern.

Man kann nicht sagen, dass es sich um eine zerrissene Familie handelt, in der es für Holden C. keinen Platz gäbe. Allerdings ist etwas von einer schmerzhaften Zerbrochenheit zu spüren, unter der wohl auch Phoebe leidet, und das mag der Grund dafür sein, dass Holden mehr die Einsamkeit als wirkliche Bindungen sucht, an die er nicht mehr glaubt.

In der Auseinandersetzung mit sich und seiner Umgebung bewegt sich Holden Caulfield im Schnittfeld mehrerer Konflikt- und Problemkreise, von denen der **innere** Konflikt mit den Flucht-Träumen und immer wieder erfahrenen Ausweglosigkeiten der entscheidende ist.[18]

Bereits zum Romanbeginn wird deutlich, wie Holden Caulfield mühsam versucht, das Gewirr seiner Empfindungen und Meinungen zu sichten und zu klären. Man merkt, dass sich da einer etwas von der Seele reden muss. In diesem 1. Rahmenkapitel finden sich alle Nöte, Angstzustände, die innere Zerrissenheit, die Sehnsuchts- und Fluchtgedanken des Siebzehnjährigen artikuliert. Hier wird nicht ausholend und ordnend vorangegangen, sondern ein Ventil entlässt Angestautes.[19]

---

18 Einmal mehr sind die autobiographischen Elemente dieses Romans hier zu unterstreichen – I. Hamilton spricht von "space, Solitude, and silence" als den wiederkehrenden Momenten in den Tagträumen Holden Caulfield's. – Sie entsprechen exakt dem, was in Salinger's eigenem Leben zu beobachten war. – Vgl. I. Hamilton, S. 137

19 Münder nennt das „zentrale Thema der Verweigerung", das auch auf der formalen Ebene des Romans in der Erzähltechnik zu erkennen ist. – P. Münder, S. 28. Vgl. dazu Kapitel 4.3

Mit den Augen Caulfield's blickt der Leser in eine scheinbar ganz alltägliche Welt; zugleich tut er einen Blick in das Innere eines jungen Menschen, der die Orientierung verloren hat. Eine stichwortartige Übersicht soll an dieser Stelle den Zustand der **inneren und äußeren Welt erhellen,** wie sie dem Leser in den Anfangskapiteln des Romans begegnet:

Langeweile und Gleichgültigkeit	Kindheit Sport-Team Schule	er will echte Werte erfahren und dagegensetzen
Protest und Auflehnung	Sanatorium Hollywood-Film Public Relation	er will das Phrasen- und Klischeehafte in seiner Welt überwinden
Überheblichkeit und Ironie	Fechten Fußball Überbetonung des Sports	er demonstriert seinen Abstand dazu, andererseits seine Unfähigkeit, dem etwas entgegenzustellen
Selbstmitleid und Sarkasmus	Abschiednehmen Leistungsversagen	er versucht damit, seine Angst- und Schuldgefühle zu kaschieren
Sehnsucht und Einsamkeit	„Thomsen Hill" **„Der geheime Goldfisch"**	er sucht Sicherheit, Geborgenheit und Zusammengehörigkeit
GEFÜHL UND ARTIKULATION	**SACHVERHALT - GEGENSTAND**	**ABSICHT - ZIELE**

Besonders signifikant für Holden Caulfield's dunkles Grundgefühl ist der Titel einer Erzählung, die sein Bruder geschrieben hat, „Der geheime Goldfisch". Vom Taschengeld gekauft, wird der „Goldfisch" Gegenstand erbitterter Verweigerung für den Helden der Erzählung, die auf Holden Caulfield eine starke Wirkung ausgeübt hat. Dort versucht jemand, etwas ganz für sich zu haben im äußersten Rückzug von der Umwelt, zerbrechlich das Glas, in dem der Goldfisch schwimmt, wie die Seele eines Kindes...[20]

Bemerkenswert ist nicht allein die Tatsache, dass Holden C. jedes normierte und institutionalisierte Gefüge ablehnt, sondern dass seine Ablehnung Jugendliche und Erwachsene gleichermaßen trifft. Er hält sie mit wenigen Ausnahmen, für "phonies". Dabei fallen jedoch Widersprüche in seiner eigenen Haltung auf. Mit "phoney" kennzeichnet H.C. von ihm verachtete Sprach- und Verhaltensweisen beider Generationen, mit denen er es hauptsächlich zu tun hat. Der Ausdruck wird von ihm in einer beträchtlichen Nuancierungsbreite verwendet und subsumiert sowohl schärfste Ablehnung als auch verhaltene Duldung.[22]

Den skizzierten Handlungszügen (vgl. Kap. 3) ist zu entnehmen, dass Holden Caulfield's Bemühungen um Kontakte und Kommunikation wiederholt scheitern. Sie haben keine Basis. Zu guter Letzt erfährt er aber doch noch, dass er „erfolgreich" kommunizieren kann, durch keine andere Person als durch seine Schwester Phoebe, wie aufgezeigt **(Catcher, Kap. 25).** Lange Zeit schwankt er zwischen dem Verzicht auf soziale Gesprächskontakte und engagiertem Bemühen um Anerkennung und Widerhall bei den von ihm so verachteten "phonies".

---

20 Dass H.C. besonders an dieser Erzählung hängt, hat natürlich auch etwas mit seinen Gefühlen für den älteren Bruder zu tun: "For his living brother D.B., Holden's Attitude is largely one of contempt. This is because D.B. went to Hollywood. When he did so he committed a double betrayal: to Holden who needed him, and to the art, through prostituting his artistic talent." – Vgl. W.J. Campbell, S. 71

21 phony – phoney; amerikan., Slang-Ausdruck für „falsch", „unwahr", „unecht", „Fälschung", „Schein". – Anklang im Deutschen: „rumtönen"

22 Vgl. Kap. 4.3, in dem im Zusammenhang mit der von Holden Caulfield verwendeten Sprache darauf noch einmal eingegangen wird.

An einzelnen Personen nur mache ich nunmehr diesen Begriff konkret fest, weitere ließen sich ausführlicher heranziehen.

So bezeichnet er Selma Thurmer's Vater als "phoney", den er als Schulleiter katastrophal und über die Maßen unehrlich findet.

Ebenso verachtenswert findet er Mr. Spencer's übertriebene Wortwahl ("grand"). "Phoney" ist auch seine alte Schule, Elkton Hill, dort insbesondere sein ehemaliger Schulleiter, Mr. Haas. Am schlechtesten kommt ein gewisser Mr. Ossenburger weg, ein sehr einflussreicher Geschäftsmann, dessen bigottes Verhalten Holden Caulfield verabscheut, das er eben "phoney" findet. (Ausgerechnet in dem Flügel des Hauses, der den Namen des Mannes trägt, hat Holden C. sein Zimmer!). Diese Beispiele können in den Kapiteln **1-3, Catcher** aufgesucht und im Inhaltsdetail weiter aufgedeckt werden. Sie sind hier stellvertretend für andere als Belege aufgeführt.

Beziehungen

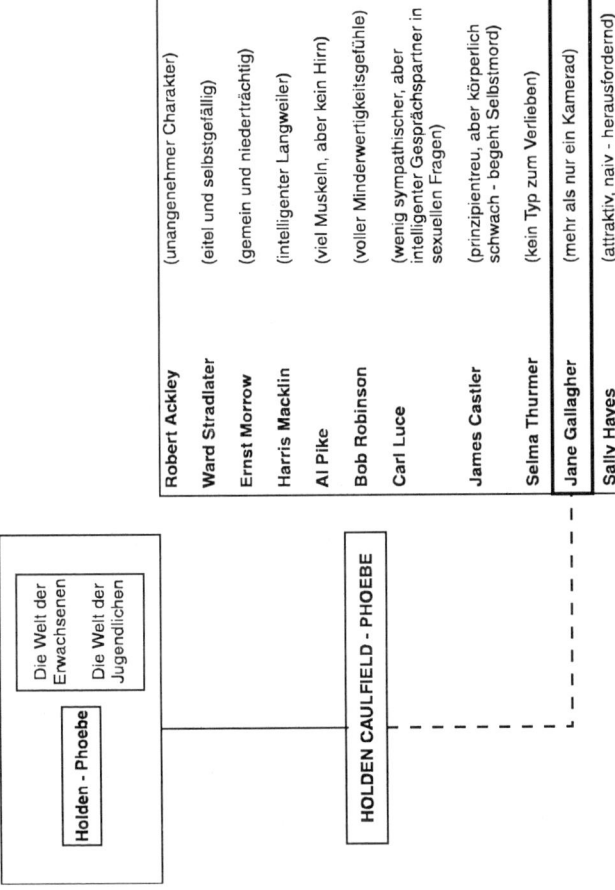

Holden - Phoebe	
	Die Welt der Erwachsenen
	Die Welt der Jugendlichen

HOLDEN CAULFIELD - PHOEBE

Robert Ackley	(unangenehmer Charakter)
Ward Stradlater	(eitel und selbstgefällig)
Ernst Morrow	(gemein und niederträchtig)
Harris Macklin	(intelligenter Langweiler)
Al Pike	(viel Muskeln, aber kein Hirn)
Bob Robinson	(voller Minderwertigkeitsgefühle)
Carl Luce	(wenig sympathischer, aber intelligenter Gesprächspartner in sexuellen Fragen)
James Castler	(prinzipientreu, aber körperlich schwach - begeht Selbstmord)
Selma Thurmer	(kein Typ zum Verlieben)
Jane Gallagher	(mehr als nur ein Kamerad)
Sally Hayes	(attraktiv, naiv - herausfordernd)

Wenn auch seine Mitschüler für ihn "phonies" sind, bezeugt er ihnen gegenüber doch eher Zurückhaltung und Verständnis. Er geht mit ihnen nicht so gnadenlos ins Gericht wie mit den Erwachsenen, selbst wenn sie ihm dazu den größten Anlass geben. Sein Urteil über die meisten ist zwar eindeutig, aber nicht so radikal ablehnend wie über die Angehörigen der älteren Generation. Selbst mit Sally, der "queen of the phonies", möchte er fern von allem und allen in eine einsame Blockhütte gehen **(Catcher, Kap. 8).**

Ist es generell wahrscheinlich seine Zugehörigkeit zu derselben Generation, die sein Urteil gnädiger macht, so ist es im speziellen Fall bei Sally der Wunsch nach ihre Nähe als vielseits umschwärmtes Mädchen, das so zugänglich scheint und ihm doch keine Chance lässt. Wie auch immer: In dieser Tatsache kommt die Unentschiedenheit seiner eigenen Haltung deutlich zu Ausdruck, die seine scharfe negative Etikettierung seiner Mitmenschen nicht immer glaubwürdig und überzeugend macht.[23]

In den direkten Bemühungen um persönlichen Kontakt verrät Holden C. dem Leser eine empfindsam-romantische Art der Anhänglichkeit und Sehnsucht, die umso tragischer wirkt, je ergebnisloser die Bemühungen bleiben (Jane Gallagher). Der Grat, auf dem er im Bemühen um soziale Anbindung und Kommunikation geht, ist sehr schmal und immer von scharfen Abbrüchen und Abgründen begleitet. Er ist tief enttäuscht, wenn er die Menschen auf seine Weise nicht erreichen kann.[24]

***

---

23 vgl. P. Münder, S. 50

24 P. Freese führt dazu das Folgende aus: „... Sechzehnmal versucht Holden mit anderen Menschen eine Unterhaltung zu führen, aber fast alle diese Kommunikationsversuche scheitern. Aus dem Scheitern seiner Gesprächsversuche zieht er selbst die Konsequenz, als vorgeblich Taubstummer in den Westen zu gehen (...). Aber sein letztes Gespräch mit Phoebe belehrt ihn, dass seine Verallgemeinerung voreilig war..." – P. Freese, S. 324

In diesem Sinne spricht auch Campbell von einem "slight optimism" am Schluss des Romans, in dem wir den Helden in tiefster Verzweiflung gesehen haben, die er schließlich überwinden konnte. – W.J. Campbell, S. 62.

"Phoney" – ganz eindeutig und kompromisslos – sind für Holden C. allerdings der gesamte Kulturbetrieb und kommerzialisierte Alltag. Dort wimmelt es von Heuchlern, Angebern und Versagern. Noch schlimmer aber sind die Mitläufer, die Parasiten und das Publikum, die sie unterstützen und ihnen huldigen. Ganz oben in der Negativliste steht Hollywood mit seinen Filmen und dem Drumherum. Aber auch Status-Denken und Besitz-Fetischismus, Personenkult und gesellschaftliche Aufgeblasenheit dominieren im Tagesgeschehen. Dort ist die Welt ohne Moral und mit fragwürdigen Maßstäben. Es ist eine Welt ohne Spontaneität und ohne Individualität, eine gleichgesichtige Konsumgesellschaft, ausgerichtet auf oberflächliche Stimulation und vordergründige Effekte. Aus dieser Gesellschaft zieht sich Holden C. zurück. Er entwirft seine persönliche Gegenwelt im Gegenhandeln. Damit aber findet er sich in der permanenten Konfrontation, in der er seine Träume baut.[25] am überzeugendsten kommt seine Anti-Haltung zur bestehenden Gesellschaft in seiner Einstellung zur Religion zur Geltung. Für ihn ist „Religion" etwas Individuelles, das nicht institutionalisiert, schon gar nicht kommerzialisiert werden kann. Sie kann sich nur in vorurteilsfreiem und naiv-spontanem Teilnehmen äußern **(Catcher, Kap. 15)**. Nur so hat die Religion für ihn eine Daseinsberechtigung, und nur so gewinnt sie an Überzeugungskraft. [26]

***

---

25 P. Münder unterstellt Salinger kein „großes gesellschaftliches Konzept"; ich teile diese Einschätzung, wenngleich in der reflektierenden Fiktion dieses jugendlichen Opponenten sehr viele konstruktive Ansätze zu einer Verbesserung der Gesellschaft aufgezeigt werden. – Vgl. P. Münder, S. 53

26 Erst durch das Annehmen des Tatsächlichen auf der einen Seite und den Gegenentwurf im Handeln aus der reinen „Gläubigkeit" kann eine Haltung entstehen, durch die Salingers spätere Helden charakterisiert werden: "Salinger's recent protagonists do not try reform a corrupt world as Milton did, but find instead that its corruption is, in the blinding light of religious revelation, irrelevant." – H.M. Harper, S. 92.

Hier Konflikte – dort die „innere Emigration"; beide stehen in einer direkten Folgebeziehung zueinander. In der Literatur wird dabei von Holden Caulfield's Rückzug in eine "private world of innocence" gesprochen.[27] In diesem Bild wird sehr genau ausgedrückt, welche Komponenten diesen Rückzug leiten: die erfahrenen Enttäuschungen und die Suche nach der reinen Bestätigung seiner Ideale.

Auf seinem Weg der Erkenntnis tritt Holden C. sehr kämpferisch für seine Ideale und Überzeugungen ein; er steckt eine Menge Niederlagen ein **(Catcher, Kap. 6, 14, 19, 24)** und bezahlt echtes Lehrgeld. Aber er verfällt nicht in selbstzerstörerische Resignation. Kurz vor dem Knock-out hat er noch die Kraft, sich mit Phoebe's Hilfe aus einem verzweifelten Stadium herauszuwinden. Er ist nicht bereit, sich zu unterwerfen, aber er will auch nicht an der Welt zugrunde gehen. Spencer's "Life is a game" hat für ihn eine existentielle Bedeutung. Die Spielregeln kann er nicht ändern; das heißt aber auch nicht, sie zu akzeptieren. Zwei Mädchen, Jane Gallagher und Phoebe, spielen in diesem Prozess die wesentlichen Begleit- und Stützrollen.[28] Trotz ihrer praktischen Vernunft und pragmatischen Entscheidungsfähigkeiten ist Phoebe für Holden noch ein Kind, das es vor dem Sturz zu retten gilt. Ihre Kindlichkeit und Sensibilität machen Holden reif für die Übernahme von Verantwortung für sich selbst und andere. – Jane Gallagher ist in gewisser Weise „erwachsen"; aber auch sie ist naiv und mädchenhaft unschuldig. Beide geben Holden C. etwas von ihrer Unbekümmertheit und natürlichen Kraft mit. Sie sind lebendigster Beweis, dass seine Überzeugungen letztlich keine Utopien, sondern bereits in seiner engsten Umgebung fassbare Realität sind.

***

---

27 Diese Charakterisierung ist aus C.F. Strauch's "Kings in the Back Row. Meaning Through Structure." In: M. Laser/N. Fruman, S. 143-173.

28 Phoebe und Jane (zusammen mit Sally) "represent a progression from the accessible to the inaccessible and play important roles in Holden's life based on what they represent." – W.J. Campbell, S. 52.

Es ist immer wieder angeklungen, dass Holden Caulfield deutliche Züge des Autors Salinger trägt und in vielen Phasen seines Denkens und Handelns dessen Philosophie vermittelt. [29] Die Erläuterungen auf den Vorseiten sollen nunmehr um einen weiteren wesentlichen Aspekt erweitert werden, den der Sprache, in dem sehr nachdrücklich ergänzt werden kann, was für Salinger's private Welt ebenso zutraf: Sprache als Mittel der sozialen Beteiligung wie auch der sozialen Verweigerung.

Wie erwähnt, schwierig ist Holden's Verhältnis zu seiner Umwelt gewiss; die Kommunikationsprobleme erwachsen aus seinem Weg nach innen und der verbal-aggressiven Verurteilung seiner Umwelt. Seine Anläufe, mit Menschen ins Gespräch zu kommen, misslingen. Sie scheitern an der unterschiedlichen „Weltauffassung" Holden Caulfield's und denen seiner „Partner".

Kommunikation wird für den kritischen jungen Mann überall dort zum Problem, wo er versucht, sprachlich auf seiner „Wellenlänge" zu operieren. Er stößt damit auf Unverständnis, Desinteresse und Ablehnung, denn die herrschende Sprache ist eine andere (**Catcher, Kap. 2, 10, 14, 16, 18, 19, 24**). Seine Aufrichtigkeit und sein Verzicht auf Phrasendrescherei machen seine Sprache „verdächtig". Die einzige Konsequenz scheint deshalb die Flucht in eine „kommunikationsfreie" und „konfliktentleerte" Welt zu sein. [30]

***

Ich strukturiere noch einmal anschaulich das mehrschichtige Konfliktgefüge, in dem sich Holden Caulfield befindet und aus dem er sich mühsam befreit. Sodann gehe ich auf den Stil Salinger's wenigstens in einigen Eigentümlichkeiten ein, ehe in einem weiteren Schritt Caulfield's ganz persönlicher Sprache nachgegangen werden soll.

---

29 Erinnert werden darf an dieser Stelle noch einmal an Salinger's Hingabe an Ausprägungen fernöstlicher Religionen (vgl. Kap. 2. Fußnote 3).

30 In ähnlicher Weise finden sich derartige Ansichten später wieder, z. B. in "Raise high the Roof Beams, Carpenters", "Seymour".

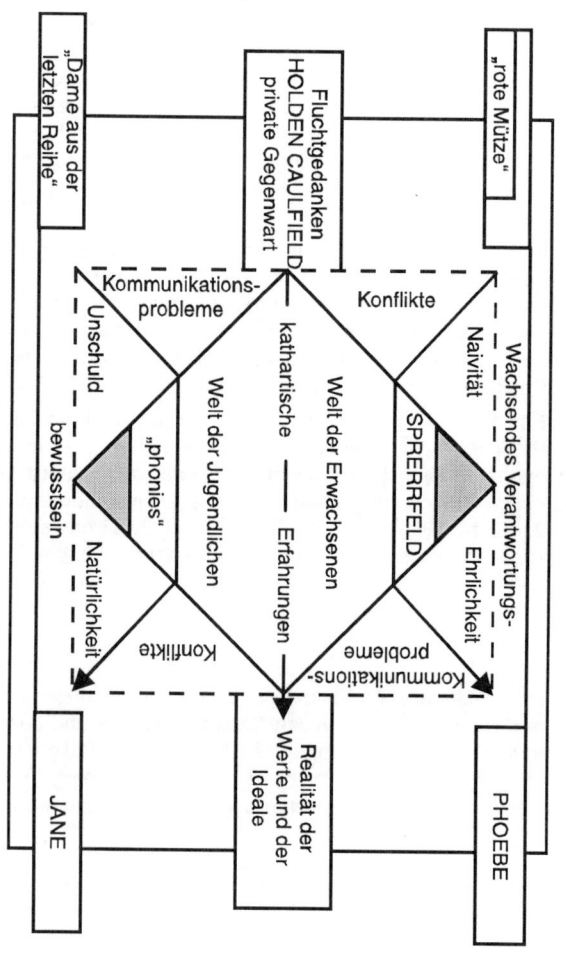

Wieder einmal muss in einem solchen Kontext deutlich gemacht werden, welches Verhängnis der 2. Weltkrieg selbst für eine Nation wie die **USA** darstellte, obwohl der räumliche Abstand zu den eigentlichen Kriegsschauplätzen in und außerhalb Europas doch relativ groß war.

Ich möchte dabei nicht so sehr betonen, dass viele Amerikaner im Kampf für unsere Freiheit gegen die Hitler-Diktatur ihr Leben ließen. Vielmehr soll in diesem Zusammenhang unterstrichen werden, dass die Auswirkungen des Krieges auf das soziale Leben in den USA verhängnisvoll negativ waren. Der rasante industriell-wirtschaftliche Aufschwung des Landes hatte bereits bis 1950 in bis dahin ungewohnten und ungeahnten Ausmaßen für die Menschen **Beziehungsprobleme** aufgeworfen, und die amerikanische Gesellschaft trennte sich in zwei Klassen. Zwar war der äußere Feind besiegt, aber im Innern gab es tiefe Kluften: Die Mittelschicht nahm am Massenkonsum teil und prosperierte mit allen negativen Begleiterscheinungen einer „Wohlstandsgesellschaft". Andere aber waren draußen, konnten nicht teilhaben und wehrten sich gegen ihre Lage und den erdrückenden Konsumzwang und die entstehenden Formen von Zeit-Konformismen. Schlagworte kamen in Umlauf, mit denen die Erscheinungen zwar hier nur oberflächlich, aber zutreffend bestimmt werden sollen: Reklame, Massenkonsum, Anonymität des Arbeitsplatzes in Industrie- und Dienstleistungsgewerben sowie der Einfluss der Massenmedien, führten zu einer allgemeinen Gesichtslosigkeit.[31]

Notwendigerweise ergriffen auch die Schriftsteller Position und griffen Themen immer intensiver die „Entfremdung der Menschen" und den „Verlust der Beziehungen" in einer zunehmend inhuman werdenden Gesellschaft auf. **Salinger** war nur einer von ihnen.[32] Seine **Gesell-**

---

31 vgl. W. Karrer/E. Kreuzer, S. 52 ff

32 „... Die Darstellung des existentiellen Betroffenseins und damit seines intensiv gestalteten, aber partiellen Aspekts und die Deskription bzw. Analyse des Ganzen oder des Zusammenhangs seiner Teile sind verschiedene Aspekte beim fiktionalen Entwurf der Welt und finden in epischer Kurz- und Langform und ihren Zwischenformen jeweils ihren adäquaten Ausdruck." – K.H. Göller/G. Hoffmann, S. 22

schaftskritik, formuliert in den Bekenntnissen eines jungen Mannes (Holden Caulfield), der seine Identität sucht und auf dieser Suche seine Umwelt demaskiert, ist echt und wirklichkeitsnah, dabei weit weniger zynisch als man das aus anderen Beispielen der Literatur seiner Zeit kennt.

4.3 Stil und Sprache

Vom einzelnen vorweggenommenen Hinweisen abgesehen, wurde dieser Aspekt bisher ausgeklammert. Er verdient sehr wohl ein breit ausgeführtes Kapitel der Beispiele und Kommentare. Ziel- und Rahmenbeschränkung unseres ERLÄUTERUNGSBANDES erlauben jedoch nur eine ausschnitthafte Beleuchtung und Denkanstöße. In der kommentierenden Literatur stößt man überall auf Ausführungen gerade zur Besonderheit der **Sprache** dieses Romans, so dass sich eine vertiefende Lektüre in dieser Richtung allemal empfiehlt.

Es ist zwischen dem **Salinger-Stil** dieses Romans und dem zu unterscheiden, was er seinem Helden als „dessen Sprache" in den Mund legt. Wir heben zunächst einige Auffälligkeiten zu Salinger's Erzähltechnik hervor, ehe wir dann an einzelnen repräsentativen Beispielen Holden Caulfield's Sprache untersuchen.

***

Folgt man Untersuchungen zu Salinger's Stil und Erzähltechnik in **The Catcher in the Rye,** so ist daraus festzuhalten, dass er als ein Traditionalist im besten Sinne des Wortes gesehen wird, der die „inventarisierten" Muster und Spielformen des amerikanischen Erzählens beherrscht und diese auf eine ganz persönliche Art und Weise variiert. Besonders interessant und charakteristisch für den **Catcher** sind u.a. Salinger's Lösung des **Erzählerstandpunktes** und die **Symbolverwendung.** [33]

---

33 Auf die Aspekte Diction, Imagery, Point of View and Symbol weist W. J. Campbell besonders hin, S. 74 ff

Salinger hat den Roman aus der Perspektive des 16-jährigen Holden Caulfield erzählt und dabei die **Ich-Form** benutzt. Damit bringt er den Leser ganz nah an die Problemlage des jungen Mannes heran und hält auch formal-sprachlich die Balance zwischen Kunstsprache und natürlicher Sprache, wie bereits im Kapitel 4.2 angedeutet wurde.

Mit diesem Kunstgriff kann Salinger die innere Spannung des Erzählers, sein „Dazwischensein" absolut authentisch darstellen. Drei Erzählperspektiven durchdringen dabei beständig einander: die **personale Ich-Erzählung,** in dem allgemeine Beobachtungen mitgeteilt werden; schließlich die Form des **monologue intérieur** mit Assoziationen, Wünschen, Gedankensplittern des Erzählers. Salinger verliert dabei nie die Kontrolle über das Geschehen, über seinen Helden. Er sublimiert geradezu die Reflexionen des Ich-Erzählers durch die kunstvolle Verwendung von **Symbolen.** Mehrere zentrale Dingsymbole gewinnen hier besonderes Gewicht: die **Enten** des Central Parks von New York und die **Mumien** aus dem Metropolitan Museum. Beide Symbole sind gegensätzlicher Art; beide dokumentieren Holden Caulfield's Spannungszustand mit der Weite seiner Vorstellungen und Gedanken; beide legen Zeugnis ab von dem ambivalenten Verhältnis, das er zu sich selbst und seiner Umwelt hat; beide drücken Ungewissheit auf der einen und Sehnsucht nach Selbstverwirklichung, nach Beständigkeit, nach Vollendung und nach Ruhe, die dem überstandenen Kampf folgt, auf der anderen Seite aus.

Viermal bringt Salinger das Motiv der Enten in ihrer symbolischen Bedeutung in den Roman ein **(Catcher, Kap. 1, 9, 12 und 20),** jedes Mal in einer intensiven Selbstergründungs- bzw. Selbsterfindungssituation (Abschied und Aufbruch ins Ungewisse – Ankunft in New York – auf dem Weg zum Nachtlokal mit einem für Caulfield so enttäuschenden Ausgang – allein im Central Park). Auch das Symbol der Mumien taucht früh auf im Roman **(Catcher, Kap. 1)** – Holden Caulfield im Gespräch mit Mr. Spencer über den verpatzten Aufsatz) und später – gleichsam als 2. Rahmenteil –noch einmal, ehe er Phoebe trifft **(Catcher, Kap. 25** – im Gespräch mit den beiden Jungen), auch dieses Mal wieder in einem Moment von Bedeutung und vorweggenommener Entscheidung. [34]

Ohne nach Vollständigkeit zu streben, müssen zwei weitere Symbole miterwähnt werden; der **Baseball-Handschuh** Allie's und die **rote Jagdmütze,** wiederum zwei scheinbar beziehungslos nebeneinander verwendete Ding-Symbole, die aber jedes Mal für Holden Caulfield's Seelenzustand sehr aussagestark sind. Er denkt sich oft an Todeszustände heran, oder sie holen ihn in seinen Erinnerungen oft ein. [35] So ist Allie's Baseball-Handschuh etwas „Geweihtes", dem er sich nicht ohne Scheu nähert. Es ist daher nicht verwunderlich, dass Jane Gallagher durch dieses „Medium" in den unmittelbaren Handlungs- und Reflexionszusammenhang gebracht wird **(Catcher, Kap. 5, 6).**

Auch die rote Jagdmütze wird wie nebenher ins Gespräch gebracht **(Catcher, Kap. 3)** und hat bereits ihre symbolische Aussagekraft gewonnen, noch ehe Holden sie ungefähr „zumneunundneunzigstenmal" genau ansieht, so dass sie spätestens hier dem Leser im Bewusstsein hängen bleiben muss. Denn: sicher fühlt sich Holden Caulfield nur dann, wenn er diese Mütze mit dem Schirm nach hinten trägt. Zum Schluss des Romans jedoch kann er ganz auf sie verzichten und beweist (mit der Übergabe an Phoebe), dass er sich nun freier und gefestigter fühlt, um Verantwortung für sich selbst und für andere zu übernehmen. [36]

***

34 Holden's Ohnmachtsanfall in der Toilette des Museums wird als „kathartischer Fall" gesehen, der die Folge der Motive des Fallens beschließt. – Vgl. P. Freese, S. 331

35 "Again and again Holden (like Emily Dickinson) imagines his own death, as for example, after the degrading incident with the hotel pimp and the prostitute (...) Holden's fascinated inerest in the Museum of Natural History (...) is clearly related in some subterranean way to his deepest instincts..." – Vgl. J.E. Miller, S. 14 f

36 Man sollte hier allerdings nicht den (ironischen) Bezug Salinger's zu Goethes Werther übersehen. Auch H. Caulfield, die moderne US-Version, hat „sein" Erkennungszeichen – eine Äußerlichkeit von tiefgehender Bedeutung im Kontext der Verwendung und der Besitzumstände.

Um noch einmal aufzugreifen, was zuvor bereits angesprochen wurde: Holden Caulfield's Sprache ist die Sprache der Jugend. Deshalb hatte das Buch eine so durchschlagende Wirkung, vornehmlich auf die Leser der (damaligen) jungen Generation. Mit der Richtungsbestimmung "teen-age-language"[37] ist nicht gemeint, dass der Ich-Erzähler seine Sprache platt und undifferenziert verwendet, über die Erwachsene geringschätzig lächeln könnten. Das Gegenteil ist der Fall. Holden Caulfield setzt seine Sprache sehr variabel und nuanciert ein. Dabei entfalten eine Reihe von ideolektisch bestimmten Eigenwilligkeiten und Elemente einer stereotyp verwendeten „Sprache gegen den Strich" ihre besondere Kommunikations- und Wirkungskraft auf den Leser. In ihrer zugleich reduzierten und elaborierten Weise repräsentiert Caulfield's Sprache modernstes Alltags-Amerikanisch. Salinger greift modische Sprachtrends auf und stilisiert mit ihnen Holden's Sprache zu einer ganz persönlichen Ausdrucksweise. Gesprochene Sprache wird zur Literatursprache in einer für den Roman (d.h. Holden Caulfield's Sprache) charakteristischen Vermischung von geläufigem alltagssprachlichen Standard mit freien, gewagten und vollkommen unkonventionellen Formen der Mitteilung.

Formal sehr auffällig und einprägsam sind dabei die zahlreichen **"digressions" (Abschweifungen** und **Kommentare,** die den fortlaufenden Bericht (oft gegenläufig) begleiten. **"Vulgarity", "obscenity",** die Verwendung von **"Slang"** – Ausdrücken, mitschwingende Elemente von **Komik und Humor,** viele sprachliche **Neuschöpfungen** und schließlich zahlreiche **Verstöße gegen grammatische Korrektheit** verneinen jede konventionelle Etikette, Akkuratesse, jede Gewohnheit und gebildete Erwartung.

Im folgenden wende ich mich diesen Besonderheiten zu. Sie werden umrissartig erläutert im Reflex auf Holden Caulfield's spezifische Grundhaltung gegenüber der Gesellschaft. Die Erläuterungen werden

---

37 W.. Campbell, dem ich hier in groben Zügen folge, charakterisiert Caulfield's Sprache als ... "an accurate rendering of the informal speech of an intelligent, educated, Northeastern American adolescent." – vgl. S. 83

abgeschlossen mit einigen detaillierten Ausführungen zum **10. Kapitel** des Romans quasi als Synopse und Summierung der Beobachtungen zur Sprache des Romans.

Die Verwendung von **Vulgarismen** und **sprachlichen Obszönitäten** gehören zur normalen (Sprach-) Entwicklung jedes Kindes und Jugendlichen. Es offenbaren sich darin die Lust am Spiel mit den Ausdruckmöglichkeiten der Sprache, die Lust an (ungestraften) Grenzüberschreitungen und der erkennbare Eigenwille, sich gegen die Erwachsenenwelt und -sprache abzugrenzen. [38]

Holden Caulfield bedient sich ihrer scheinbar recht ungezwungen. Beim näheren Hinsehen ist jedoch zu erkennen, dass er dies sehr kontrolliert tut. Umfang und Härte der Wörter werden bestimmt von der psychischen Situation und von der Art des Verhältnisses Caulfield's gegenüber seinen Kommunikationspartnern bzw. Sachverhalten. Nie dienen sie dem Zweck, auf diese Weise auch „dazugehören" zu wollen, nie dem Zweck der Selbstdarstellung.

Unüberhörbar ist „verdammt" **(goddam)** ein Lieblingswort Holdens's. Das Wort ist ein Focus-Wort für alle Gefühle der Ablehnung oder auch überraschter Anerkennung. **Hell, ass, sonovabitch** und **bastard** sind weitere, recht auffällig häufig verwendete Vulgarismen. Sie markieren Negativ-Einstellungen unterschiedlicher Schärfe und Heftigkeit. **Bastard** ist dabei das wohl emotional am stärksten aufgeladene Wort mit einem ganzen Hof an Gefühlen und Wertungen. Es ist der Ausdruck, der am entschiedensten gegen alle „Phonies" eingesetzt wird. **For Chrissake** und **for god's sake** stehen auch für aggressive oder ablehnende Empfindungen **(Catcher, Kap. 4)**. Das härteste Wort **(fuck)** wird von Holden selbst nicht eingebracht. Er stößt darauf, ein „Fremdwort" an einer Wand. Die Abstufungen zeigen, dass Holden niemals ordinär oder gar pervers redet. Er artikuliert jedoch frei und

---

38 So schreibt P. Rühmkorf: „... der naturbedingte Lustanspruch rebelliert mit allen zur Verfügung stehenden Trotzmitteln (...) gegen das Kulturgebot. Das künstlich reglementierte oder unterbundene Bedürfnis beginnt sich selbst zu regulieren: häufig im Widerstand zu den Kontrollmächten und mit entschiedener Zivilitationsfeindlichkeit." P. Rühmkorf, S. 42

offen seine Gefühle in einer sprachlichen Konzentration auf Reiz- und Schlüsselwörter, zu denen eben auch Vulgarismen gehören. (In unserer eigenen Sprache ist inzwischen eine Entwicklung vorangeschritten, derzufolge vergleichbare Ausdrücke beinahe schon salonfähig sind.)

*

Als Jugendlicher, zudem als Großstadt-Jugendlicher (New York), verwendet Holden Caulfield **Slang**-Ausdrücke in großer Dichte und mit überraschendem Variantenreichtum. [39]

Crap und **crazy** sind zwei der am häufigsten angebrachten Slang-Ausdrücke Holden's.

Beide Ausdrücke signalisieren ein Höchstmaß an innerer Beteiligung des Sprechers. In vielen Kommunikationssituationen erweist sich neben anderen Ausdrucks-Eigenwilligkeiten Holden Caulfield's Slang als hinderlich; er kann von seinen Absichten, Gefühlen und Gedanken oft nichts „rüberbringen". Campbell fasst Caulfield's Slang-Ausdrucksweise sehr prägnant-formelhaft mit den Worten zusammen: "... versatile yet narrow, expressive yet unimaginative, imprecise, often crude, always trite." [40]

*

Weiterhin seht typisch für Holden's Sprache sind Adjektive wie **lousy, terrific, stupid.** In ihrer bewusst unpräzisen Verwendung wirken sie oft eher komisch und erzeugen eine Art befreienden Humors, der den Leser zum Schmunzeln bringt.

*

---

39 W.J. Campbell hat über 100 Slang-Ausdrücke aufgelistet, die für Holden Caulfield's Sprache typisch sind. – Vgl. S. 86

40 So unterscheidet W.J. Campbell die Verwendung des Wortes "crap" auf sieben unterschiedlichen Bedeutungsebenen. – Übersetzung des Zitats: „wandlungsfähig, doch begrenzt, ausdrucksstark, doch wenig phantasievoll, unscharf, häufig ungebärdig, immer im Trend des Alltäglichen..." vgl. Campbell, S. 87

Eine Besonderheit, die eher etwas mit der Entwicklung der amerikanischen Umgangssprache zu tun hat und nicht so sehr charakterspezifisch anzusehen ist, verrät sich in vielen Neuschöpfungen, z.B. in der angepassten Verwendung von Substantiven als Adverbien ("She sings it very Dixieland...") Sprache wird hier sehr kompakt mit einer ausgeprägten Tendenz zur ökonomischen Verwendung.

Zwei Phänomene machen deutlich, dass Holden Caulfield seine Muttersprache auf einer durchaus überdurchschnittlichen Ausdrucksebene beherrscht. Zum einen zeigt er sich erstaunlich kultiviert mit einer Reihe zumindest entlegener Wörter (**ostracized, bourgeois**), die elitär wirken. Zum andern übergeht er die Formgesetze der Grammatik ebenso häufig wie er sie peinlich genau einhält. Das leistet sich nur jemand, der solide Grundkenntnisse hat und nicht beständig beweisen muss, wie gut und geläufig er über sie verfügt. Kennzeichnend im Regelverstoß sind u.a. oft die Nichtbeachtung von angemessenen Relativpronomen (im Englischen bekanntlich sehr wichtig und von Briten genau genommen), die Anwendung einer doppelten Negation (häufig zu beobachten im amerikanischen Englisch zur Verstärkung einer Negativ-Aussage), Verletzung der Wortfolge (Pronomina) und Nichtbeachtung bzw. falsche Verwendung des Partizips Perfekt. – Nachlässigkeit oder bewusste Provokation, für Holden Caulfield ist wesentlicher, was vermittelt werden soll, als die um jeden Preis korrekt verwendete Sprache, hinter der sich nach seinen Erfahrungen so oft gedankliche Hohlheit, phrasenhafte Allüren oder gar Falschheit verbergen, wo nichts von dem gehalten wird, was die Sprache eigentlich vermittelt. So jedenfalls sind Holden Caulfield's Überzeugungen, und aus dieser Perspektive wertet er die Menschen und ihre Sprache.

*

Holden Caulfield's Sprache ist gesprochene Sprache. Sie bringt natürlich auch die allgemeinen Erscheinungen zum Ausdruck, die eine lebendige Sprache kennzeichnen, in ganz ausgeprägter Weise die Tendenz zur Nivellierung weg von der gebildeten Hochsprache. Dennoch, und hier lenke ich den Blick noch einmal zurück auf den Autor selbst, geht es nicht darum, die Jugendsprache dokumentarisch abzubilden, sondern sie wird in der künstlerischen Gesamtaussage dieses Romans an „ihren Platz gebracht". Salinger wählt seinen jugendlichen Helden und dessen Sprache, um das Dahinterliegende frei und sichtbar zu machen. [41]

Ich möchte nunmehr auf die erwähnten **Abschweifungen** und **Kommentare** eingehen, in denen sich Erfahrungen und Erkenntnisse Holden Caulfield's bündeln. Auch hier (-nicht allein in den Dialogen-) ist Holden's Sprache sehr charakteristisch im skizzierten Sinne.

***

---

[41] „... Der den Roman auf szenischer und verbaler Ebene durchziehende Rhythmus von Wiederholung und Variation erweist sich damit schon hier nicht als nur die Marterialfülle strukturierendes Element, sondern zugleich als der Rhythmus der Welterfahrung des Jugendlichen, der aus der Beobachtung sich wiederholender Vorgänge seine Einsichten abstrahiert, um sie immer wieder dann zu korrigieren, wenn neue Variationen des gleichen Vorgangs sie als falsch erweisen." P. Freese, S. 324

Die zahlreichen **Abschweifungen ("digressions")** und **Kommentare** haben im Bericht Holden Caulfield's zwei Funktionen zu übernehmen:

– Mit den Abschweifungen zielt Holden auf Vergangenes. Sie sind gekennzeichnet durch Reflexion und Auseinandersetzung mit zurückliegenden Erfahrungen.

– Die Kommentare beziehen sich eher auf das von ihm gegenwärtig Erlebte und Empfundene.

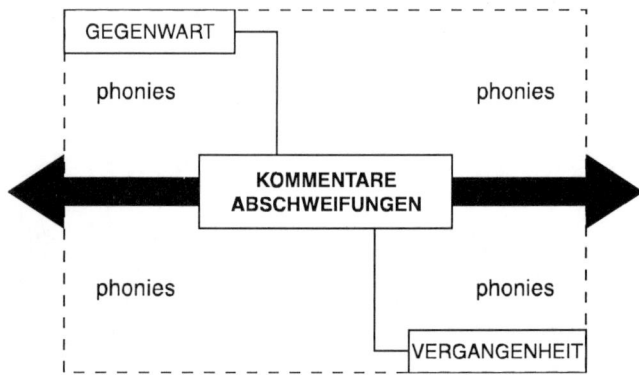

Reserviertheit und Spontaneität sind die beiden korrespondierenden Grundhaltungen. Mit diesen beiden Reflexions- und Mitteilungsformen will der Erzähler dem Zuhörer (Leser) Überlegungen und Handlungsweisen erläutern und begründen. Dabei befindet er sich in einem permanenten Prozess der Orientierung, des Vergleichens und Wertens. Der Leser wird in diesen Prozess einbezogen.

Diese sehr charakteristische Erscheinung des Kommentierens oder Abschweifens zeichnet ihn als einen kritischen und nachdenklichen jungen Mann aus, der einerseits den Abstand zu der von ihm abgelehnten Welt der "phonies", andererseits ihre Nähe sucht.

Lernhilfen, Interpretationen und klassische Texte aus dem C. Bange Verlag

☐ Bitte senden Sie mir an die untenstehende Adresse laufend kostenlos Prospekte und Kataloge über Bücher aus dem C. Bange Verlag, Hollfeld, Tel.: 09274-94130/Fax: 09274-94132.

☐ Gesamtverzeichnis
☐ Verz. Königs Erläuterungen u. Lektüren
☐ Verzeichnis d. kl. Übersetzungsbibliothek griech. und röm. Klassiker

Versandanschrift: (6/97)

Name: ....

Kunde: ☐ Lehrer ☐ Student/Schüler ☐ Sonst.

Straße u. Nr.: ....

Wohnort: ....

Briefmarke nicht vergessen

Antwort

C. Bange Verlag
und Versandbuchhandlung
Postfach 11 60

D-96139 Hollfeld

Wie interpretiere ich...? - Die Erfolgsreihe (in der neuen Rechtschreibung!)

Bernd Matzkowski
Wie interpretiere ich?
Best.Nr. 1417

136 Seiten - Format DIN A5 - Kart. - **DM 19,80**

Der Band führt in die Grundlagen der Analyse und Interpretation fiktionaler (Epik/Lyrik/Drama) und nicht-fiktionaler Texte (Sachtexte/politische Rede) ein, erläutert wesentliche Elemente der einzelnen Textsorten und Gattungen und gibt Hilfestellungen für das Verfassen von Interpretationen. Fachbegriffe werden eingeführt und erklärt; Analyseraster sollen die selbstständige Arbeit mit Texten erleichtern.

Egon Ecker
Wie interpretiere ich Gedichte?
Methoden anhand von vielen Beispielen
Best.-Nr.: 0695

168 Seiten - Format DIN A5 - Kart. - **DM 19,80**

In diesem Buch geht es nicht darum, Gedichtinterpretationen vorzustellen, sondern einen Weg von vielen möglichen aufzuzeigen, wie man Gedichte interpretieren kann. Anhand von Gedichten der verschiedensten Epochen werden Hinweise gegeben, wie man inhaltlich und formal Texte erklären und verständlich machen kann. Die Arbeitsweise vollzieht sich dabei in vier Schritten: dem jeweiligen Gedicht folgt eine Anleitung und Stoffsammlung - eine Gliederung und Gliederungsskizze - eine Ausarbeitung und Auswertung - Aufgaben zum Text.

Bernd Matzkowski
Wie interpretiere ich ein Drama?
Best.Nr. 1419

Format DIN A5 - Kart. - **DM 19,80**

Wie interpretiere ich Novellen und Romane?
Best.Nr. 1414

Format DIN A5 - Kart. - **DM 19,80**

Wie interpretiere ich Lyrik?
Best.Nr. 1417

Format DIN A5 - Kart. - **DM 19,80**

Die drei Bände sollen zur selbstständigen Arbeit mit im Unterricht behandelten Dramen, Romanen, Novellen und Gedichten anregen und dazu Hilfestellung geben. Wesentliche Bausteine literarischer Texte werden unter Einführung entsprechender Fachbegriffe anhand von Beispielen erläutert. Ein auf die jeweilige Gattung zugeschnittener Fragenkatalog soll den Zugriff auf die einzelnen Textsorten und Gattungsformen ermöglichen und Anregungen für die eigenständige Untersuchung vermitteln. Alle drei Bände enthalten Grundlageninformationen zur Interpretation und Analyse, zur Erstellung von Interpretationsaufsätzen und zu den Begriffen "Text" und "Gattung". **(Erscheinungstermin für die drei Bände 10/97!)**

Hiermit möchte ich folgende Bände bestellen:

Anzahl	Best. Nr.	Titel	DM
....	1417	Wie interpretiere ich?	19,80
....	0695	Wie int. ich Gedichte?	19,80
....	1419	Wie int. ich ein Drama?	19,80
....	1414	Wie int. ich Novellen und Romane?	19,80
....	1420	Wie int. ich Lyrik?	19,80

Datum / Unterschrift: ....

Holden's Abschweifungen zeigen ein gegensätzliches Erscheinungsbild, das wiederum sehr typisch für seine Situation ist: Sie sind einerseits ausgeprägt informativ und auf der anderen Seite ausweichend-verhüllend. [42]

Beide Arten geben jedoch zugleich etwas von seinen persönlichen Vorlieben und von seinem „Geschmack" zu erkennen. Sie spiegeln seine ganze Persönlichkeit wider, mit allen Widersprüchen, die ihm als Romanfigur Aufrichtigkeit und Überzeugungskraft geben. Er nimmt den Leser für sich ein (vgl. Skizze S. 57). Neben Zügen der Intellektualität und Rationalität kommen die einer starken Emotionalität und Spontaneität zum Ausdruck.

Bereits der Romanbeginn belegt diese Eigentümlichkeit: HoldenCaulfield wendet sich unvermittelt an den Leser und bezieht ihn in die von ihm klar definierte Ausgangssituation ein (**Catcher, Kap. 1**). Subjektives Erzählen und kritische um Objektivierung bemühte Distanz wechseln dann einander ab. Das erlaubt dem Leser, sich aus dem „Geschehen" herauszunehmen, selber „auf Distanz zu gehen", einen eigenen Standpunkt zu gewinnen und sich dann wieder von seinem Roman-Helden „mitnehmen" zu lassen. Ganz ausgeprägt ist dies in den **Kapiteln 1, 2, 5, 10, 20, 24** der Fall.

Nicht anders ist es bei den Kommentaren. Ein auffälliges Beispiel enthält das **Kapitel 10.** Darin vermischen sich abschweifende (in die Vergangenheit weisende) und kommentierende (in die Gegenwart wurzelnde) Ausführungen des Erzählers. Holden's Phoebe-Kommentar sei an dieser Stelle schon erwähnt; auf ihn komme ich an anderer Stelle noch zurück. Der „zweckhafte Einsatz" der Kommentare ist ebenso signifikant für Holden's Standpunkt und Blick auf die Dinge. Oft sind die Kommentare gegenläufig zum gerade Erzählten und erzielen eine humorvoll-komische Wirkung. Das wirkt sehr entspannend. Im 10. Kapitel kommentiert der Erzähler ca. 15 Male die Handlung. Er tritt damit in einen intensiven Dialog mit dem Leser, den er auffordert, sich

---

42 P. Münder spricht im ersten Fall von „assoziativ-kommunikativen" Abschweifungen, im anderen Falle von ihrem stark „evasiven Charakter". – Vgl. P. Münder, S. 34

an den Klarstellungen zu beteiligen, um auf diese Weise objektiver urteilen zu können. Der längste quer zur Handlung laufende Kommentar des 10. Kapitels ist der zu Phoebe.

Im Verlaufe der Roman-Lektüre wird dem Leser an vielen Stellen aufgehen, welche Sonderrolle Holden seiner Schwester zuschreibt. So stellt der Kommentar im 10. Kapitel ein „rundes Bild" ihrer Persönlichkeit her, das deshalb so eindringlich und beschwörend wirkt, weil Holden sich bei jenen Details aufhält und sie – trotz aller Kürze und Präganz – liebevoll aufzählt, die seine Schwester im Gegensatz zu allen anderen als etwas ganz Besonderes zeigen. Holden schildert ihr hübsches Äußeres (rote, kurz geschnittene Haare – reizende, kleine Ohren...), ihre Klugheit und ihre Damenhaftigkeit schon in ganz jungen Jahren, ihr gutes Gedächtnis und ihre schöpferische Kraft, ihren guten Geschmack...

Das Bemerkenswerte daran ist, dass Holden hier eigentlich nichts als die aufgeweckte, anziehende Natürlichkeit der jüngeren Schwester anführt, die tausend andere junge Mädchen gleich Phoebe auch besitzen. Somit ist Phoebe's „Besonderheit" eigentlich ganz durchschnittlich. Aber für Holden wird sie beinahe zu etwas Überirdischem, weil er seine eigene Unzulänglichkeit und die vieler anderer an ihr misst, auch die seines Bruders D.B. Der verstorbene Allie ist ohnehin kaum zu übertreffen, aber Phoebe sticht sie alle aus. Vom Standpunkt seines eigenen Versagens aus muss darum die jüngere Schwester das ganze Gegenteil sein, von dem Holden seine Kraft zum Überstehen gewinnt.

In der konzentriert dialogischen Situation des 10. Kapitels wird Holden's Dialognot abgebildet.[43] Ihre Überwindung ist das Ziel des jungen Mannes, wie mehrfach aufgezeigt, und an seinem Erfolg trägt Phoebe entscheidend mit.[44] Die Intensität des Phoebe-Kommentars im 10. Kapitel korrespondiert mit der sich zuspitzenden Isolation des Erzählers.

---

43 vgl. P. Münder, S. 42

44 vgl. W.J. Campbell, S. 32

Ich fasse zusammen:

- Holden Caulfield fühlt sich als mehrfacher Versager in der Schule und im Privatleben.
- er findet keinen rechten Anschluss an die Welt der Jugendlichen und die der Erwachsenen, weil er anders denkt und empfindet als die meisten.
- Seine Ablehnung besonders aller "phonies" ist entschieden und prononciert. Auf der anderen Seite hat er für sie durchaus seine Schwächen.
- Holden setzt sich auch sprachlich von ihnen ab und gerät in einen Kreislauf der Verweigerung und des Zurückgewiesenseins. Das macht ihn krank.
- Seine Schwester ist der einzige Mensch, dem er noch vertraut.

Am **10. Kapitel** des Romans möchte ich nunmehr konzentriert und exemplarisch die charakteristischen Sprach- und Stilelemente Holden Caulfield's zusammenfassen. Dieses Kapitel ist kein „Schlüsselkapitel" im eigentlichen Sinne, aber es ist in mehrfacher Weise sehr gut für eine Übersicht geeignet, wie ich bereits angemerkt habe:

1. Es ist sehr kontrastreich.

2. Phoebe wird ausführlich vorgestellt, an dem entsprechenden Abschnitt lassen sich Technik und Anwendung der Abschweifungen und Kommentare gut nachvollziehen.

3. Ironie, Selbstironie und Humor werden eindringlich verwendet.

4. Das Kapitel thematisiert Holden's kritische Sicht der Gesellschaft und die von ihm abgelehnten Erscheinungen (Personenkult, Oberflächlichkeit).

5. Die für Holden's Ausdrucksweise sehr typischen Satzkonstruktionen (Lakonie, Kürze, Dichte, elliptische Raffung) mit ihrer Anschaulichkeit machen das Kapitel sehr „fließend".

Inhalt

Was passiert?

Im Hotel zieht sich Holden C. ein frisches Hemd
an. Er fühlt sich noch nicht müde und möchte
noch nicht schlafen gehen. Er beschließt, noch
etwas in der Hotel-Bar zu trinken. Den Gedanken,
seine Schwester anzurufen, lässt er sofort wieder
fallen, weil er ein schlechtes Gewissen gegenüber seinen Eltern hat.

In der Bar trifft er drei junge Frauen aus Seattle.
Er bemüht sich, mit ihnen in ein vernüftiges Gespräch zu kommen. Er tanzt mit ihnen, geht an
ihren Tisch, macht ein wenig "small talk". Nie-
mand ist recht zufrieden, am wenigsten Holden
Caulfield. Die jungen Frauen ziehen sich bald
zurück, um für die Vorstellung ausgeschlafen zu
sein, die am nächsten Morgen in der Radio City
Music Hall stattfindet. Holden C. geht enttäuscht
in sein Zimmer zurück.

*

In diesem Kapitel kommen 5 Kontrastpaare besonders augenfällig zum Ausdruck. Gebündelt
bezeichne ich sie als die **Welt der Empfindsam-
keit,** die mit der **Welt der Rohheit** kontrastiert. Im
Einzelnen sind dies:

Kontraste

– Phoebe und die Erinnerung Holden's an früher
(„heile Welt") – Gegenwart der Bar und anrüchi-
gen Halbwelt.

– Phoebe – die Frauen in der Bar.

– Die Gedanken und Empfindungen Holden's –
die Gedanken und Empfindungen der Frauen.

– Kulturverständnis – Starrummel

– Taktgefühl – Ungehobeltheit, primitives und oberflächliches Gehabe.

Phoebe

Zum Zentrum des Kapitels gerät Phoebe; sie ist nicht nur das Kontrastbild zu der oberflächlichen Vergnügungswelt, der auch die drei jungen Frauen angehören. Spätestens in diesem Kapitel wird dem Leser klar, dass Phoebe die positive Leitfigur Holden Caulfield's ist. An ihr misst er alle anderen (und auch sich selbst).

Während Vulgarismen und Slang-Ausdrücke hier nicht in auffälliger Dichte verwendet werden, treten ironische und selbstironische Wendungen stark in den Vordergrund. Sie gipfeln im Veralbern der drei jungen Frauen, Gary Cooper sei im Saal. Holden's Ironie wird zum Mittel einer überlegenen Distanzierung, als er einsieht, dass keine Kommunikation mit den Frauen möglich ist.

Kommunikations-schwierigkeiten

– Die Annäherungsversuche Holden's werden missverstanden (Gekichere);

– seine Komplimente über das elegante Tanzen verfangen nicht;

– sein spontaner „Belohnungskuss" für das Tanzvergnügen, das ihm gewährt wurde, macht die junge Frau böse;

– der Vergleich mit der hinreißend tanzenden kleinen Schwester beleidigt die Frauen (– sie können nicht ahnen, welches Kompliment ihnen Holden damit ausspricht –);

– seine ganze Art zu reden, macht die blonde Tänzerin nervös.

Dem Leser wird deutlich, dass alle Bemühungen
Holden's, eine Kommunikationsebene aufzu-
bauen, gründlich scheitern. Das macht seine
innere Isolation vollkommen, fühlt er sich doch
schon als Außenstehender, als er vom Kellner
nicht einmal eine Cola mit einem Schuss Rum
bekommt.

Spott – Ironie

Aus dieser Situation insgesamt resultiert Holden
Caulfield's zunehmend aggressiver werdender
Spott angesichts der naiven Reaktion der Damen
aus Seattle.

Sein voller Spott ergießt sich über sie, als sie
erklären, warum sie aus Seattle angereist sind.
Unvorstellbar für Holden, dass jemand eine so
weite Reise antritt aus einem solch primitiven
Grund.

So kommt er zu dem Resultat, dass Nachtlokale
nur zu ertragen sind im Rausch des Trinkens
oder des Tanzens oder der Verliebtheit.

Sprache

Die Sprache i.g. sehr diszipliniert. Die Sätze
zeigen einen durchaus gebildeten, „sprachmäch-
tigen" jungen Mann. Er verwendet voll ausge-
baute, aber auch fragmentierte Satzgebilde. Immer ist seine Aussage informativ. Es finden sich
drei Hauptformen von Sätzen in diesem Kapitel:

– Kurze Hauptsätze;

– knappe Hauptsätze mit Nebensätzen;

– Ellipsen und unvollständige Sätze.

Das Kapitel enthält zahlreiche Dialoge, die der Erzähler mit den Personen führt. Zusätzlich enthält dieses Kapitel die erwähnten Abschweifungen und Kommentare, formale Besonderheiten der Berichterstattung, mit denen Holden auf den Leser zugeht, um mit ihm ins „Gespräch zu kommen".

Kurze Sätze

Der längste Abschnitt dieses Kapitels ist der über Phoebe. In diesem Abschnitt über gut eine Seite dominieren sehr knappe Hauptsätze; sie transportieren "statements", die Holden über die Vorzüge seiner Schwester abgibt. Seine Aussagen sind sicher und in ihrer kurzen Prägnanz nicht anzuzweifeln. Sie machen eindringlich klar, wie Holden zu seiner Schwester steht. Die wie gemeißelt dastehenden Sätze in ihrer absoluten Festigkeit betonen das Positive sowohl im äußeren Erscheinungsbild seiner kleinen Schwester als auch ihre geistigen Qualitäten. –

Die folgende Skizze verdeutlicht noch einmal das Ausgeführte mit dem Blick auf die Widersprüchlichkeiten Holden's im Umgang mit seiner Umwelt.

Damit möchte ich auch zum Schlusskapitel dieses Romans überleiten. Ich bitte den Leser wirklich, nämlich das hier Zusammengetragene nicht als „erledigt" abzuhaken, sondern sich anzuregen und anstoßen zu lassen zum noch bewussteren Lesen des Romans.

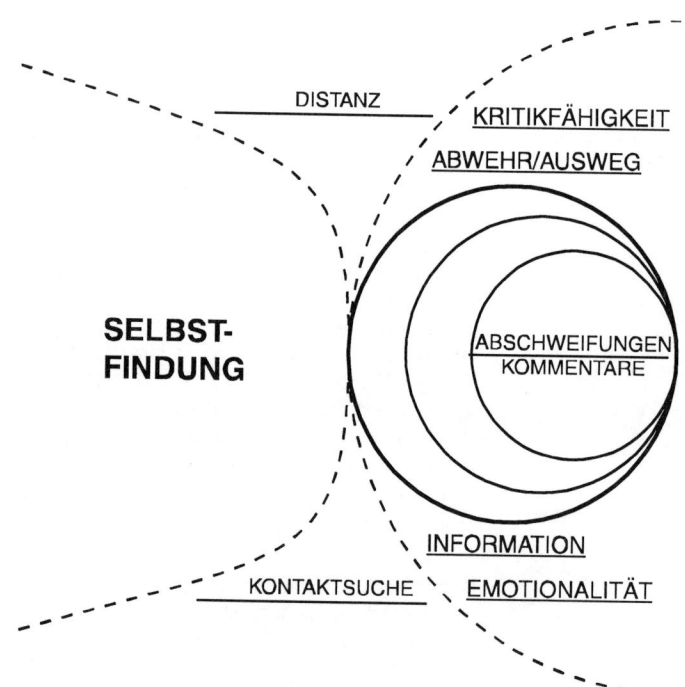

SELBST-
FINDUNG

DISTANZ

KRITIKFÄHIGKEIT

ABWEHR/AUSWEG

ABSCHWEIFUNGEN
KOMMENTARE

INFORMATION

KONTAKTSUCHE   EMOTIONALITÄT

5. ASPEKTE ZUR DISKUSSION

Die zeitlose Gültigkeit der Romanaussage steht außerhalb jeder Diskussion. Dennoch bedürfen die vorausgegangen Erfahrungen der ergänzenden Differenzierung im Hinblick auf die im Roman vorgetragenen Themen und Aspekte. Deshalb stellen wir in diesem MATERIALIENTEIL in kurzen Textauszügen **relevanten Diskussionsstoff** zusammen, der sich auf vier zentrale Themenkomplexe bezieht. Die herangezogenen Texte wollen ausschnitthaft die Vielschichtigkeit der im Roman angesprochenen Frage- und Problemstellungen beleuchten, deren Sinnmitte im Kapitel **4.2** erläutert worden ist.

Alle hier zusammengestellten Informationen gehen entweder von der Figur **Holden Caulfield's** aus oder leiten auf ihn zurück.

Text 1 befasst sich mit Fakten der entwicklungspsychologisch bedeutsamen Phase der „Pubertät".

Text 2 gibt vertiefende Informationen zur Seelenlage des „problematisierenden" Jugendlichen, als der uns Holden Caulfield begegnet.

Dass Holden Caulfield entwicklungs- und individualpsychologisch nicht etwa als Psychopath einzustufen ist, macht **Text 3** aus dem Blickwinkel der Soziologie klar. Holden C. repräsentiert die Verhaltensweisen einer ganzen Generation sowohl in seinem äußeren Habitus als auch in seinen übrigen Handlungsweisen.

In die literar-historischen Verwurzelungen führt **Text 4**. Er macht aber auch deutlich, wie zeitunabhängig die Empfindungen eines Holden Caulfield eigentlich sind. Freilich prägt jede Zeit, jede Epoche, einen jungen Menschen anders. Doch zeigen sich empfindsame Introvertiertheit und kritisches Aufbegehren als Äußerungsweisen einer idealistischen Jugend stets in gleicher oder ähnlicher Weise, wenn sie sich an den Normen und an den etablierten Gefügen der Erwachsenenwelt reibt.

Im **Text 5** fassen wir danach dann noch einmal gebündelt zusammen, wie die Innenwelt Caulfield's den Widerstand gegen die Konformismen seiner Umwelt steuert.

Wir hoffen, dass der „unbekümmerte" Leser oder auch derjenige, der sich im Rahmen einer gezielten Aufgabenstellung mit dem einen oder anderen Sachverhalt auseinander setzt, in den mitgeteilten Texten Antworten auf seine Fragen und Überlegungen im größeren Zusammenhang erhält. Da jedoch jeder Leser die gegebenen Informationen durch ein Raster ganz individueller, mehrfach geschichteter Erfahrungen und Bedürfnisse filtert, ist davon auszugehen, dass unsere LERNHILFE qualitativ ganz unterschiedlich „rüberkommt".

Es ist wünschenswert, dass der am eigenständigen Lernen und Arbeiten wirklich Interessierte unsere Hinweise und Angebote für den systematischen Umgang mit Texten annimmt, umsetzt und ergänzt und nicht darauf wartet, dass er Vorfabriziertes lediglich flüchtig zu lesen und dann mehr oder weniger wortwörtlich zu übertragen hat.

Die Zitate sind folgenden Autoren zuzuordnen (vgl. Literaturübersicht, Kap. 6):

Fischle-Carl   (1)

Spranger (2)

Baake (3)

Poppe   (4)

Münder   (5)

5.1 Wachstum und Aufbegehren

Ein Weg der vielen Missverständnisse

Sich aus den Normen der von Erwachsenen und Erziehern geforderten Anschauungen, Haltungen und Üblichkeiten zu lösen und sich zurückzuziehen in eine zeitbedingte Form der Altersstufe, bedeutet häufig auch ein Hinabsteigen auf ein niederes Niveau. Diese Tatsache, die von Eltern oft nicht eingesehen werden will, ist jedoch vom Psychologischen her sinnvoll und notwendig. Hier vollzieht sich ein in menschlichen Reifungsprozessen zu beobachtendes Phänomen der positiven Regression, die oft einen schöpferischen Prozess, eine Progression einleitet. Meist geht dieser Phase, in der man sich zurücknimmt, und in der sich etwas Neues bildet, eine Zeit großer Gereiztheit und heftiger Aggressivität voraus. Die positive Seite der bewältigten Aggression wird noch zu wenig erkannt. Aggredi heißt: an etwas heranzugehen und ist im Sinne einer Auseinandersetzung zu verstehen. Letzten Endes gibt es keine Reifung ohne Auseinandersetzung. Eine Erziehung, die alles Aggressive als böse deklariert, führt den Einzelmenschen wie auch das Kollektiv in außerordentlich gefährliche Lebenssituationen. Dass unser Kulturkreis sich mit der gesunden Aggressivität des Einzelnen noch ernsthaft und intensiv befassen muss, wird immer sichtbarer. Neben der allgemeinen körperlichen und seelischen Strukturauflösung mit entsprechenden ersten Ablösungserscheinungen setzen also Übungen der Willensfunktion und Prozesse der Ich-Bildung ein. Hierzu gehört auch die Entdeckung der eigenen Gefühlswelt, der eigenen Gemütskräfte und Innerlichkeit. Diese Seite des puberalen Geschehens wird im allgemeinen von der Umwelt noch wenig wahrgenommen. Der Pubeszent ist den auftauchenden Gefühlserlebnissen gegenüber noch hilflos und scheu. Seine Gefühlswelt wird geheim gehalten und nach außen oft durch panzerartig anmutendes Verhalten getarnt. Dies geschieht umso mehr, je nüchterner und zweckbezogener die Umweltpersonen sich verhalten, und je schwächer der Kontakt mit ihnen geworden ist. Während die Heranwachsenden nach außen gegenüber ihren Eltern, den Geschwistern mit Ruppigkeit begegnen und oft den Anschein erwecken, als könnten sie über Leichen hinweggehen, entwickeln sich im Innern zarte und empfindsame Gefühlsreaktionen, die jedoch nicht geäußert und sichtbar werden dürfen. Denn der junge Mensch ist noch zu unsicher, zu wenig er selbst, und die zarten Gefühle sind noch zu unreif und darum oft sentimental., als dass sie den andern geoffenbart werden könnten. Eventuell wird diese Seite einem Tagebuch anvertraut, vielleicht einem andern jungen Menschen, der in einer ähnlichen Lage und Verfassung lebt.

Wenn Familie und Gesellschaft die Gefühlsseite nicht ansprechen, entstehen affektive Stauungen und zuweilen Aggressionen, die das Zusammenleben sehr erschweren, die Lernfähigkeit sowie die Entwicklungschancen reduzieren können. Ein sehr nüchternes und vom Rationalen bestimmtes Millieu bietet selbst bei großer Vernünftigkeit doch zu wenig und zu Einseitiges an menschlichen Werten und zeitigt darum entsprechende Probleme.

Die meisten Erwachsenen lassen sich durch das provozierende Verhalten junger Menschen täuschen. Hinter vielen Provokationen steht der Versuch einer Kompensation der eigenen Unsicherheit. Es ist erzieherisch ein großer Fehler, in der Phase der Strukturauflösung und Ich-Schwäche Jugendliche zu demütigen, zu bespötteln, das ohnehin verletzte Selbstwertgefühl zu strapazieren. Bei aller notwendig werdenden Kritik sollte der Erzieher mit Lob, Anerkennung, Ernstnehmen der noch unfertigen Persönlichkeit nicht sparsam sein. Wenn auch in den Augen vieler Eltern in dieser Entwicklungsphase oft wenig Anlass besteht, den Pubeszenten in wohlwollenden Worten zu bestätigen, so sollten Eltern und Lehrer nach Wegen und Möglichkeiten suchen, die eine Anerkennung von Zeit zu Zeit ermöglichen.

*

Fragen nach Innen und Außen

Bei dem jugendlichen Problematiker kommt es überhaupt zu keinem unbefangenen Erleben; denn er sieht allem in sich mit gespannter Aufmerksamkeit zu. Durch diese Umsetzung des Erlebten in Gedachtes, der Gefühlsbewegung in ein Problem, wird das Innere gleichsam stillgelegt. Es handelt sich nicht nur um den gesunden Weg der Stoiker, die den Sturm der Leidenschaften durch Reflexe über den Sinn der Affekte in sich zur Ruhe bringen, sondern oft um eine unkräftige Haltung zum Leben, bei der alle Substanz des Daseins vom Denken zermürbt und zerfasert wird. Das Leben wird nicht mehr gelebt – es wird Problem. Notwendig fehlt es diesem Grübeln noch an Stoff, man glaubt, durch Nachdenken über die große Rätselfrage: „Was ist der Sinn des Lebens?" erst ein Ziel zu gewinnen. Man ahnt nicht, dass man sich dadurch allmählich in Ziellosigkeit und Glaubenslosigkeit hineingrübelt – denn man muss. Diese Art von unfruchtbarem Denkzwang gehört auch zu den typischen Erscheinungen der Pubertät.

Sprachlose, aber nicht sprachohnmächtige Opposition

Die Symbole der Teenager und Twens sind allgegenwärtig. Sie materialisieren sich im Konsum von Kleidung, Kosmetik, Schallplatten, Magazinen, Posters, Beat, Sportveranstaltungen, Jugendreisen, den begehrten Autos – alles Vermittler von *fun und popularity*. Sie sind Ingredienzien einer *mass-culture,* in der Informationen, Wissen, Unterhaltung und Kunst durch Massenmedien verbreitet werden. Dabei ist die Frage des Niveaus sekundär geworden. Die Aufgliederung Georges Friedmans in eine culture supérieure (enthält die geistigen und künstlerischen Spitzenleistungen), *culture médiocre* (verbreitet von Massenmedien, insbesondere dem Fernsehen und großen Illustrierten) und *culture brutale* (primitive Kriminalgeschichten, Comics und jede Form unmittelbarer Unterhaltung ohne vertiefende interpretierende Zugaben) mag prinzipiell heuristischen Wert haben; sie ist aber irrelevant im Sektor eines Freizeitkonsums, der nicht nach „anspruchsvoll" oder „primitiv" scheidet, sondern sämtliche Angebote – gleich welcher Qualität – auf *ihre Verwertbarkeit für den Verhaltensstil auswählt* und so selbst das Tiefstgemeinte zur Oberfläche bringt. Der französische Filmregisseur Jean-Luc Godard fasst mit seiner vielzitierten Formel von den „Kindern von Karl Marx und Coca-Cola" den Gegensatz zwischen Reflexion und Konsum, innegelenktem Protest und außengelenkter Konsumhaltung zusammen und hebt ihn, was die heutigen Jugendlichen angeht, auf. Auch Kunst und was sich als Kunst ausgibt wird „verbraucht". Die Werbepsychologen sprechen von *fads* (ursprünglich: Liebhaberei, Hobby), die den Drang des Bewusstseins nach Selbsterfüllung stillen. Ein *fad* hat zwei Bestandteile: *Symbole* (z.B. die langen Ponyhaare der Beatles oder die Gitarre Donovans) und *stimulierende Einfälle* (eingängiger Rhythmus einer

Spitzennummer oder modische Raffinessen); damit ist er „ansprechend", indem er dem heimlichen Bedürfnis der Jugendlichen (und Erwachsenen) nach Erfüllung ihrer Sehnsüchte entgegenkommt. Wir leben in einer „glorius techniculture" (Richard Hamilton), die auch das Bewusstsein des einzelnen industriell und global beeinflusst.

Der Report "Teen-Age-Culture" referiert eine Untersuchung über das Selbstbewusstsein der amerikanischen High-School-Jugend. Danach fühlen sich aus dem repräsentativ befragten Sample 11 Prozent als „different" von den Normen der Umwelt, also „anders" und damit alleingelassen; 44 Prozent hatten nur selten "dates", Verabredungen mit Freunden oder Freundinnen, die zum comme-il-faut amerikanischer Jugendlichkeit gehören; 13 Prozent „verlassen" (lonesome) und 25 Prozent unsicher und unbehaglich (ill at ease) gegenüber gesellschaftlichen und sozialen Anforderungen. Das Unbehagen gilt sowohl gegenüber dem Altersgenossen mit ihren „Regeln" (z.B. *dating)* wie auch vor allem gegenüber der Gesamtgesellschaft. Arbeit und Freizeit, Tabu und Sexualität, hierarchische Autorität und Wunsch zur Selbstbestimmung, undefinierter Jugendstatus und zu erwartende Rollenanforderungen in Beruf und Familie: in diesen Gegensätzen zeigen sich Polaritäten zwischen Erwachsenen und Heranwachsenden, die zu affektiver Verunsicherung und eben damit zu einer symbolisierenden Teilkultur führen.

So hat sich eine Opposition entwickelt, die – im Gegensatz zur sich sprachlich kundgebenden der studentischen Jugend – die *sprachlose* genannt werden könnte. Sie ist sprachlos, weil sie im Bewusstsein nicht vorformuliert ist und nicht weiß, zu wem sie sprechen soll und mit welchen Mitteln. Darum wendet sie sich an kein Gegenüber, sondern verhält sich invers zu sich selbst, d.h., sie stellt sich dar als Ausweichen, als Unfähigkeit zur Diskussion gesellschaftlicher Tatbestände, als Rückzug in Verhaltensformen, die viele Erwachsene zunächst noch erschrecken, weil sie diese nicht verstehen. Opposition kann sich in verschiedenen Zeichensystemen darstellen: in der Sprache (dies ist uns, besonders vom Parlament her, geläufig), aber auch in Gesten und optischen sowie akustischen Symbolen. Während aber oppositionelle Sprache sich an ein Gegenüber wendet, das sich dann zur Antwort herausgefordert sieht, haben Gesten und Symbole nicht diese kontaktstiftende Stringenz: sie sind mehrdeutig, oft unbewusst und zunächst Mittel des Selbstausdrucks, nicht unbedingt der Kommunikation, die sie – nicht zuletzt, weil sie ungewohnt sind – meist eher verhindern. Gerade wegen ihrer Undurchschaubarkeit aber fordern sie heraus als neuartige Medien, die der Position der Erwachsenen und des etabliert Vorhandenen mit einer neuen Zeichensprache eine Ob-Position gegenüberstellen.

*

Wertheriaden

Dieses Schüsselwort darf auch hier nicht fehlen, steht doch Salinger's „Fänger" fest in der Tradition des Werther-Stoffes. Nicht uferlos, doch breit kamen die künstlerischen Nachahmungen und Produkte daher, die auf Goethes berühmten Briefroman **„Die Leiden des jungen Werthers"** zurückgingen: von Opern zu Gedichten, von Dramoletts zu Possen, von Ballettversionen zu Roman-Nachfahren – alles ist vertreten, und auch in der gegenständlichen Gebrauchskunst gab es viele Varianten, sei es auf Porzellan, in Öl oder Kupfer.

Es ist hier nicht der Ort einer ausführlichen Darstellung der künstlerischen Wirkungsgeschichte des Werther-Romans. Doch möchten wir wenigstens einzelne Daten und Namen mit Stichwörtern angeben, die Spur bis in unser Jahrhundert punktuell verfolgen, die dem interessierten Leser helfen soll, Schwerpunkte seiner Vertiefungsarbeit daraus herzuleiten.[45]

Am Ende stehen **Salinger** und **Plenzdorf** mit ihren Stoffen aus der Gegenwart, mit Helden, deren kritisches Bewusstsein anders begründet ist als dasjenige Werthers aus dem Goethe-Roman. So unterschiedlich die dargestellten Situationen und die Sichtweisen der

---

45 Wir verweisen auf den Band 20 der Reihe **Reflexionen und Analysen** aus dem Beyer Verlag Hollfeld (nicht im Literaturverzeichnis erwähnt)

Helden auch immer sein mögen – in einigen Momenten haben sie ihre Übereinstimmungen, die jede distanzierte künstlerische Werther-Adaption gleichermaßen auszeichnet:

- Ein (jugendliches) Individuum geht in eine Konfliktsituation, die sich im Widerspruch seines erwachenden Selbst gegenüber der Gesellschaft begründet sieht.

- Leitend in dem „ausgetragenen" Konflikt ist eine idealistische Grundauffassung des jeweiligen „Helden", der sich gegen das Normierte und Etablierte (s)einer Gesellschaftsordnung wehrt.

- Damit einher geht die Suche nach einem Stück ganz privaten Glücks, das sich in den beruflichen und gesellschaftlichen Festlegungen der „Umwelt" nicht verwirklichen lässt.

Die „weltweite" Popularität des **Werther-Romans** kann hier nur angedeutet werden. Erwähnenswert ist die Tatsache, dass er in England zwar sehr bekannt wurde, aber zu „Nachproduktionen" kaum anstieß, sieht man von Gedichten einmal ab. Er hatte wohl eine andere Qualität der Trauer und Innerlichkeit, als die Briten sie mögen.

Umso überraschender kam dann mit **Salinger's** Roman eine moderne Variante aus den USA. Ein knapper Parallelvergleich **Goethe – Salinger – Plenzdorf** mag zeigen, wie eng die Verflechtungen von Original und Nachfolge-Schöpfungen sind.

Wir können wiederum nur anstoßen und Raum für Besinnungen erzeugen. Es ist nicht unsere Absicht, in diesem MATERIALIENTEIL in allen Fällen in der Vorwegnahme Denk- und Arbeitsleistungen zu ersetzen, die der einzelne Leser in der Absicht zielgerichteter Vertiefung eigenständig erbringen muss.

<u>Übereinstimmung</u>

1. Handelnder und reflektierender Ich-Erzähler (Werther – Caulfield – Wibeau)

2. Die drei Helden sind kritische, aber emotional stark reagierende und romantisch-idealistische Träumer.

3. Ihre Ausdrucksweisen haben „Sturm- und Drang-Charakter".

4. Sie sind Spiegelbilder für Generationsnöte und besitzen starkes Identifikationspotential.

   Themen des Protestes – der Anklage, die von ihnen vorgetragen werden:

   – gegen die Hohlheit und Phrasenhaftigkeit einer adeligen Wohlstandsgesellschaft **(Werther)**

   – gegen die Uniformität und Gesichtslosigkeit der modernen US-Gesellschaft **(Holden Caulfield)**

   – gegen sozialistisches Einheitsdenken und -handeln in der DDR **(Edgar Wibeau)**

6. Durch sehr direkte Zitate und Bezugnahme beseitigt Plenzdorf Distanzen sowohl zu Goethes als auch zu Salinger's Roman; er schließt damit den Kreis und gibt ihnen auch mit dem Blick auf den modernen Leser eine Leitfunktion. [46]

Innenwelt gegen Außenwelt

Bezeichnend an dem gesamten Identifikationsprozess Holden's mit dieser Welt der Unschuld ist seine Bereitschaft, sich einzusetzen für seine Wertvorstellungen, ohne Rücksicht auf die Überlegenheit des Kontrahenten und ohne sich selbst zu schonen. Mit dieser Einsatzbereitschaft wird eigentlich schon Holden's Fähigkeit angedeutet, sich von einer überwiegend resignativen oder eskapistischen Stimmung zu befreien und – wie der Schluss anzudeuten scheint – Verantwortung

---

46   vgl. Plenzdorf, S. 76, 78, 124

für andere zu übernehmen. Diese Initiation in einen gesellschaftlichen Verantwortungsbereich und die damit einhergehende Loslösung von einer introspektiven Abwehrhaltung gegenüber seiner Umwelt ist schließlich der im Mittelpunkt des Romans stehende Erzählprozess . Diese Entwicklung Holden's ist bereits in seiner Grundhaltung angelegt, denn mit seiner Hinwendung zu einem gesellschaftlichen Verantwortungsgefühl wird lediglich seine ursprünglich regressive, auf eine private Innerlichkeit bedachte Haltung ausgeweitet zu einer protektiven, die nun die Bereitschaft zur Verantwortung für andere beinhaltet. Im Kontakt mit Phoebe wächst Holden's Zuversicht und Selbstsicherheit, seine introspektive „Nabelschau", die Flucht in die idealisierte Vergangenheit reduziert sich dementsprechend. Da Phoebe sowohl Allie's Sensibilität als auch Jane Gallaghers Unschuld besitzt, repräsentiert sie einerseits die Synthese der wichtigsten Werte seiner "private world of innocence", darüber hinaus kann sie diese Welt mit ihrem Pragmatismus und ihrer natürlichen Spontaneität um entscheidende Dimensionen erweitern.

5.2 Stimmen der Kritik

Die ausgewählten „Stimmen der Kritik" beziehen wir auf die Hauptfigur des Romans, den Stil und die Sprache sowie auf den Autor selbst. In diesen Zitaten fassen wir einzelne Aspekte zusammen, die zuvor Gegenstand von Reflexion und Erörterung waren. Überschriften und Unterstreichungen haben wir hinzugefügt, um den Leser mit „leitenden Stichwörtern" eine rasche Orientierung zu geben.

Die Zitate sind folgenden Autoren zuzuordnen (vgl. Literatur-übersicht, Kap. 6)	
Campbell	(1, 3, 5, 6, 9, 11)
Freese	(2, 4)
Harper	(7, 8)
Miller	(10)
Mailer	(12)

... kein Platz in der Welt

The protagonist of *The Catcher in the Rye,* Holden Caulfield, is one of these American heroes, but with a significant difference. He seems to be engaged in both sorts of quests at once; he needs to go home and he needs to leave it. Unlike the other American knight errants, Holden seeks Virtue second to Love. He wants to be good. When the little children are playing in the rye-field on the clifftop, Holden wants to be the one who catches them before they fall off the cliff. He is not driven toward honor or courage. He is not driven toward love of woman. Holden is driven toward love of his fellow-man, charity – virtues which were perhaps not quite virile enough for Natty Bumppo, Ishmael, Huck Finn, or Nick Adams. Holden is actually frightened by a frontier code of masculinity – a code which sometimes requires its adherents to behave in sentimental and bumptious fashions. But like these American heroes, Holden is a wanderer, for in order to be good he has to be more of a bad boy than the puritanical Huck could have imagined. Holden has had enough of both Hannibal, Missouri, and the Mississippi; and his tragedy is that when he starts back up the river, he has no place to go – save, of course, a California psychiatrist's couch.

*

Status- und Rollenungewissheit

Holden ist ein typischer Jugendlicher, ein Angehöriger der für die amerikanische Literatur so bedeutsamen Altersstufe der Adoleszenz, die zunehmend als ein Paradigma der Verwirrungen und Konflikte des modernen Menschen entdeckt wird. Hin- und herschwankend zwischen Einfügung und Rebellion und gefangen zwischen den Welten der Kindheit und des Erwachsenseins, zu deren einer er nicht mehr, zu deren anderer er noch nicht gehört, muss er ständig neue Rollen erfinden und ausprobieren. So wie Huck Finn in immer neuen Inkarnationen das Flussufer betritt, so erscheint auch Holden als Rudolf Schmidt oder Jim Steele und so träumt auch er von seinen Rollen als verführerischer Monsieur Blanchard, als enterbter Steptänzer, als heldenhafter Detektiv und als ein „Fänger im Roggen". Ein solcher noch statusloser und rollenungewisser Jugendlicher kann, wenn er wie im Mittelteil des Romans mit der Welt der Erwachsenen konfrontiert wird, kaum eine aktive, handlungsbestimmende Funktion haben, sondern muss ein vorwiegend passiver Beobachter bleiben. So kann ein Roman wie *The Catcher* keinen *plot* aufweisen, der sich folgerichtig aus den Handlungen dieses Helden ergibt, sondern muss eine Welt darstellen, die sich, dem veränderten Zugriff des Helden meist noch entzogen, nach ihren eigenen Gesetzen bewegt und der sich der Held gegenüberstellt oder gar ausgeliefert sieht.

*

... mehr als nur Satiriker

Holden Caulfield is more than just a satirist; through all his experiences he remains compassionate. Whether his contemporaries are indifferent, insufferable boors or girls he remembers best because they keep their kings in the back row during games of checkers, Holden has a tenderness towards their isolation and suffering. This compassion extends to include everyone from the unpopular and obnoxious Ackley at Pencey Prep to mothers who ask all those stupid questions when buying ice skates; as well as to prostitutes who shake him down after he finds himself too embarrassed and too sympathetic towards their plight to take them to bed.

*

Rückzug in Traumwelten...

Holden hat ein dualistisches Weltbild, und die Vokabeln *phony* und *nice* sind das sprachliche Rüstzeug, mit dem er Menschen und Gegenstände, Ereignisse und Eigenschaften qualifiziert. Auf der einen Seite steht alles, was verlogen, heuchlerisch, gespielt und unecht ist und was Holden mit dem 49mal benutzten *phony* bezeichnet, auf der anderen steht trotz Aldriges Behauptung, Holden habe zwar "objects for his contempt but no objects other than his sister for his love", das 85mal verwandte *nice*, mit dem die Natürlichkeit, Aufrichtigkeit und Spontaneität von Menschen und das Bergende, Angenehme und Anheimelnde von Gegenständen und Räumen bezeichnet wird. Im Gegensatz zu Huck, dem *innocent eye,* tritt Holden also auch als ein direkt urteilender und in offener Sprache wertender Gesellschaftskritiker auf, und seine rote Jägermütze, die Kermsit Vanderbilt als "the happiest symbolic device in recent American fiction" bezeichnet hat und die von der Kritik in der widersprüchlichsten Weise gedeutet worden ist, zeigt zunächst nur sein Bestreben, sich von der als *phony* verdammten Gesellschaft abzuwenden, und ihr nach hinten gedrehter Schirm, der gleichzeitig an den *catcher* im Baseball erinnert und so auf Allies *baseball mitt* verweist und eine Beziehung zu Holden's *catcher-Vision* herstellt, zeigt zusammen mit der Tatsache, dass Holden die

Mütze bei seinen Auftritten in der Erwachsenenwelt abnimmt und versteckt, dass seine Abwendung nicht aggressiv im tätlichen Angriff gegen die Gesellschaft, sondern regressiv im Rückzug auf Traum- und Wunschwelten erfolgt.

*

Teenager-Jargon: Mittel zum Zweck

Even through Holden's language is authentic teenage speech, recording it was certainly not the major intention of Salinger, he was faced with the artistic task of creating an individual character, not with the linguistik task of reproducing the exact speech of teenage language, and at the same time had to be identifiable as an individual. This difficult task Salinger achieved by giving Holden an extremely trite and typical teenage speech, overlaid with strong personal idiosyncrasies.

Themen und Lehren

Despite their occasional mannerisms, cuteness, narcissism, and sentimentality, these minor works af Salinger are interesting in them- selves, but even more for the light they throw on *The Catcher in the Rye.* Through them, the reader can see the themes that dominate *The Catcher:* the need for love; the search for something other than self in which to believe; the contempt for purely materialistic goals and for phoniness wherever it is to be found; the need to accept, and even love, one's fellows despite their imperfections; and finally the know- ledge that there is no escape, in this world, from the ugliness which is reality, which is live.

*

... das religiöse Anliegen

Salinger's religious concern can be seen in the earlier stories, of course, and in *The Catcher in the Rye,* with is themes of the fall, the search for a father, and the descent into hell – even, perhaps, in its names (Allie) and symbols (Phoebe's blue coat).

*

... ein „Klassiker"

The final stature of Salinger himself is still an open question, despite the current fashion of writing him off. The Catcher in the Rye is a major achievement, not only as a technical tour de force, but as a serious, relevant, and permanently interesting view of life: a classic.

*

Dokumente unserer Zeit

Salinger's most ambitious presentation of aspects of contemporary alienation, and his most successful capture of an American audience, is in his novel *The Catcher in the Rye*. It is the brief chronicle of Holden Caulfield, a sixteen-year-old boy who escapes to New York after flunking out of his third prep school. The novel is written as the boy's comment, half-humorous, half-agonizing, concerning his attempt to recapture his identity and his hopes for belonging by playing a man-about-town for a lost, partially tragic, certainly frenetic weekend, *The catcher in the Rye* is a full-length novel, and yet gives much the effect of his shorter pieces. Its dimensional depth is extrinsic to the narrative, and is measured by the reader's response to the dialogue, and the background of city America.

*

Humor – nicht ohne Bitternis

For all ist seriousness, Catcher in the Rye is one of the funniest boks in American literature, and much has been relating its humor to the native American tradition, and particulary to Mark Twain's *Huckleberry Finn*. Perhaps of equal importance with its connections to the past is the role of *Catcher* in the development of the post-World War II „black" humor, the humor that has occasional elements of irresponsibility, cruelty, despair, and insanity.

*

... in jedem von uns: ein Stückchen Holden Caulfield...

Alfred Kazin has said that "Above all, he (Salinger) is a favorite with the audience of students, student intellectuals, instructors and generally literary, sensitive and sophisticated young people who respond to him with a consciousness that he speaks for them and virtually *to* them, in a language that is peculiarly honest and their own, with a view of things that captures their most secret judgments of the world." Caulfield does more than speak to his readers. He represents them, and he does so by embellishing their views, their feelings and their mannerisms, ultimately bringing his readers to the realization that there is something of Caulfield in all of us. This evocation of our own "insides" is what we will find meaningful as we read *The Catcher in the Rye*.

*

... großer Geist – leider stehen geblieben

Salinger steht bei allen in hohem Ansehen. Ich bin offenbar der einzige, der in ihm nichts weiter sieht als den großen Geist, der nie über das Niveau eines Volksschülers hinauskommen wird. Das, was zu leisten in seinen Kräften steht, macht er gut, und es trägt den Stempel seiner Persönlichkeit. Aber am Ende ist es eben doch nicht gerade anregend, sich immer nur auf einem College-Gelände aufzuhalten, wo die Muskelprotze stets und ständig diejenigen verprügeln, die weiter nichts vermögen, als sich schwach zu fühlen. Ich kann mir nicht vorstellen, dass Salinger sich eines Tages auf dem Schlachtfeld eines bedeutenden Romans die Sporen verdient.

Selbstverständlich mag ein solches Urteil von Neid bestimmt sein, und das wäre für mich nicht sehr schmeichelhaft. Salinger war klug genug, sich Themen auszusuchen, die beruhigend wirken, was man von mir ganz gewiss nicht behaupten kann. Da sich aber die Welt heute in einem Zustand akuter Unruhe befindet, bin ich nicht der Ansicht, dass seine Klugheit ihm zur Ehre gereicht.

6. LITERATUR (– AUSWAHL–)

Salinger, J. D., Der Fänger im Roggen. Roman. Hamburg 1989 (Rowohlt-Taschenbuch 931.-955. Tsd.)

* * *

Baruch, G., Hauptwerke der amerikanischen Literatur. München 1972

Campbell, W.J., Salinger. The Catcher in the Rye & Nine Stories. Toronto 1989

Cunliffe, M., Amerikanische Literaturgeschichte. München 1961

Cunningham, A., The Works of Robert Burns. London 1844

French, W., J. D. Salinger. New York 1963

Galloway, D., The Absurd Hero in American Fiction: Updike, Styron, Bellow, Salinger. Austin 1971

Göller, K.H./ Hoffmann G. (Hg.), Die amerikanische Kurzgeschichte. Düsseldorf 1972

Grunwald, H.A., Salinger: A Critical and Personal Portrait. New York 1962 (Sammelband breitester und unterschiedlichster Stellungnahmen zum Autor und zu seinem Werk)

Gwynn, F. / Blotner, J., The Fiction of J. D. Salinger. Pittsburgh University Press 1964

Hamilton, J.D., In Search of J. D. Salinger. New York 1988

Hamilton, K., J. D. Salinger: A Critical Essay. Grand Rapids (Michigan) 1967

Harper, H.M., Desperate Faith – A Study of Bellow, Salinger, Matler, Baldwin and Updike. University Press (North Carolina) 1967

Karrer, W. / Kreutzer, E. (Hg.), Daten der englischen und amerikanischen Literatur von 1890 bis zur Gegenwart. München 1973

Lohner, E. (Hg.), Der amerikanische Roman im 19. und 20. Jahrhundert. Interpretationen. Berlin 1974

Lundquist, J. Marsden, M.M. (Hg.), J. D. Salinger. New York 1979 If You Really Want to Know: A Catcher Casebook. Cicago 1963

Miller J.E., Jerome David Salinger. Minneapolis 1967 (Pamphlets on American Writers, Nr. 51)

Mailer, N., Reklame für mich selber. Frankfurt – Berlin 1986

Rosen, G., Zen in the Art of J. D. Salinger. Berkley (CA) 1977

Schulze, M., Wege der amerikanischen Literatur. Frankfurt 1968

Sublette, J.R., J. D. Salinger. An Annotated Bibliography, 1938-1961, New York-London 1984

* * *

Baumbach, J., "The Saint as a Young Man: The Catcher in the Rye by J. D. Salinger", the Landscape of Nightmare: Studies in the Contemporary American. Novel. New York 1965, S. 55-67

Berg, R. von, Holden Caulfield's illegale Umtriebe. In: Süddeutsche Zeitung, 22. November 1974, S. 14

Burrows, D.J. u.a., "Allie and Phoebe: Death and Love in J. D. Salinger's The Catcher in the Rye". In: Private Dealings: Eight Modern American Writers. Stockholm 1970, S. 106-114

Claro, J., J. D. Salinger. The Catcher in the Rye. New York 1984 (Barron's Book Notes)

Günter, B., Holden Caulfield – sentimentaler oder sentimentalischer Idealist? In: Die Neueren Sprachen, Dezember 1972, S. 728-732

Hunter, J.L., Salinger. The Catcher in the Rye, Nine Stories. Toronto 1970

Kraul, F., Jerome David Salinger's Roman „Der Fänger im Roggen" als Pflichtlektüre im Deutschunterricht der Oberstufe. In: Der Deutschunterricht (20, Heft 1) Stuttgart 1968

Laser, M. Fruman, N.(Hg.), Studies in J. D. Salinger: Reviews, Essays, and Critiques of The Catcher in the Rye and Other Fiction. New York 1963

Luedtke, L.S., "J. D. Salinger and Robert Burns: The Catcher in the Rye", Modern Fiction Studies (1970(XVI), S. 198-201

Münder, P., Jerome D. Salinger. Der Fänger im Roggen – Hebt den Dachbalken hoch, Zimmerleute. Vergleiche, unterrichtsbezogene Erläuterungen und didaktisch-methodische Hinweise. Hollfeld 1980

Neis, E., Jerome D. Salinger: Der Fänger im Roggen. Königs Erläuterungen und Materialien. Hollfeld 1988 (4. Auflage)

Simonson, H.P. / Hager, Ph.E. (Hg.), Salinger's "Catcher in the Rye": Glamour vs. Criticism. Boston 1963

Stepf, R., Die Entwicklung von J. D. Salinger's Short Stories und Novelettes. Bern-Frankfurt 1975

Wells, A.R., "Huck Finn and Holden Caulfield: The Situation of the Hero". Ohio University Review (1960/II), S. 31-42

* * *

Baake, D., Beat – die sprachlose Opposition. München 1972

Fischle-Carl, H., Der Aufstand der Jugend. Stuttgart 1970

Plenzdorf, U., Die neuen Leiden des jungen W. Frankfurt 1980

Rühmkorf, P., Über das Volksvermögen. Exkurse in den literarischen Untergrund. Hamburg 1967

Aus der großen Zahl von Veröffentlichungen zu Salinger sind hier nur die Titel zusammengestellt, die als relevante Grundlage für die Neubearbeitung dieses Bandes herangezogen wurden. – Viele wichtige Einzeluntersuchungen sind in amerikanischen Zeitschriften erschienen, die dem (jugendlichen) Leser im Allgemeinen nicht zugänglich sind. Dazu bitte **Lundquist** heranziehen.

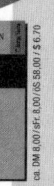